Elisabeth Lukas

Heute ist der erste Tag vom Rest deines Lebens

Elisabeth Lukas
Gesammelte Werke

Herausgegeben vom

www.elisabeth-lukas-archiv.de

Die Reihe wird fortgesetzt.

Elisabeth Lukas

Heute ist der erste Tag vom Rest deines Lebens

Schritte zu einer erfüllten Existenz

Butzon & Bercker

Bibliografische Information der Deutschen Nationalbibliothek

Die Deutsche Nationalbibliothek verzeichnet diese Publikation in der Deutschen Nationalbibliografie; detaillierte bibliografische Daten sind im Internet über http://dnb.d-nb.de abrufbar.

Das Gesamtprogramm
von Butzon & Bercker
finden Sie im Internet
unter www.bube.de

ISBN: 978-3-7666-2524-3

2. Auflage der überarbeiteten Neuausgabe 2019

Umschlagabbildung: © paintings – shutterstock.com
Einband- und Reihengestaltung: Finken & Bumiller, Stuttgart
Satz: SATZstudio Josef Pieper, Bedburg-Hau

Dieses Buch ist meinem „geistigen Vater“
Viktor E. Frankl
gewidmet.

Inhalt

Vorwort

Das vorliegende Buch hat eine bewegte Geschichte. Es ist (in einem Umfang von 428 Seiten) in zwei Auflagen 1983 und 1988 unter dem Titel „Von der Tiefen- zur Höhenpsychologie" bei Herder in Freiburg/Br. erschienen. Sehr zur Freude von Viktor E. Frankl, der damals ein strenges Auge darauf hatte, dass seine Lehre seriös vertreten wurde. Das Ursprungsanliegen dieses Buches war es, seine (auch „Höhenpsychologie" genannte) Logotherapie im Vergleich zu anderen Therapieansätzen vorzustellen und ihre Heilkraft anhand geeigneter Kasuistik zu veranschaulichen.

In den 80er-Jahren eroberte jedoch das Fernsehen mit seinen zunehmend zahlreichen Programmangeboten die Feierabende der Menschen. Die Lust am Lesen schwand, und die Verlage mussten diesem Trend Rechnung tragen. Also erklärten sie ihren Autoren, dass dicke Wälzer „out" seien, trockene Theorie unverkäuflich sei und allenfalls spannende Praxisbeispiele noch zum Lesen verlocken würden.

Das Buch wurde um sieben Kapitel gekürzt, deren Texte als zu anspruchsvoll oder zu unattraktiv galten, und unter dem Titel „Höhenpsychologie" 1992 wieder aufgelegt. Doch diese Auswahl missfiel mir, weil sie thematische Zusammenhänge zerschnitt. 1998 startete ich einen neuen Anlauf, die wichtigsten Grundgedanken der Originalfassung des Buches erweitert, gestrafft und in Kleinkapitel gegliedert zu präsentieren – mit Erfolg. Unter dem Titel „Heilungsgeschichten" war diese Neuausgabe bis über die

Jahrtausendwende auf dem Markt. Als sich das Gütersloher Verlagshaus für meine Publikationen zu interessieren begann, feierte das inzwischen wieder vergriffene Buch 2007 dort ein Comeback unter dem Titel „Heute ist der erste Tag vom Rest deines Lebens".

Die Medienlandschaft veränderte sich rasant weiter. Das E-Book erblickte das Licht der Welt, und so kam es, dass das Buch 2012 bei der Firma Satzweiss.com landete, die es seither in ihrem E-Book-Angebot führt. Aber noch etwas anderes hat sich verändert: Die von Frankl begründete Logotherapie ist in deutschen Landen nicht mehr so unbekannt wie einst. Eine Generation von Fachleuten und gebildeten Laien ist herangewachsen, die nunmehr wünscht und darauf angewiesen ist, das unverfälschte Gedankengut Frankls aus kompetentem Munde zu vernehmen. Meine Schriften kommen diesem Bedarf entgegen, und deswegen habe ich mir die Mühe gemacht, dieses alte Werk noch einmal für eine Buchausgabe zu überarbeiten.

Es hat mich überrascht, wie wenig „Aktualisierung" trotz des immensen Wandels der Zeit dabei notwendig war. Da gab es zum Beispiel im Erstlingsdruck aus dem Jahr 1983 ein Kapitel über die soziale Integration von Immigranten! Da gab es Kapitel über den Umgang mit Stress und Freizeit, über Traumabewältigung, Wertekonflikte, Scheidungskinder etc. Was früher unter dem Stichwort „Wohlstandsneurosen" rangierte, ist im Grunde nicht weit von dem entfernt, was heute unter „Burn-out-Syndrom" gehandelt wird: Ergebnis eines (sinn)fragwürdigen Lebensstils. Nach sorgfältiger Durchsicht der Texte bin ich mehr denn je überzeugt, dass die Logotherapie einen fundamentalen Weisheitsschatz enthält, der den bedrängten, geplagten, zweifelnden und verzweifelten Menschen zutiefst dienlich ist, egal, in welcher Lage und in welchem kulturellen Ambiente sie sich befinden. Die genialen Frankl'schen Thesen waren nie in Mode ... und werden deshalb auch nie „aus der Mode" kommen. Sie veralten nicht. Im Gegenteil: Es scheint, dass sie insbesondere dort inneren Halt zu vermitteln vermögen, wo Halt durch gesunde Instinkte und bewährte

Traditionen zunehmend verloren geht. Mögen sie auch die Leserinnen und Leser dieses Buches auf ihrem persönlichen Lebensweg stützend und stärkend begleiten!

Elisabeth Lukas
im Dezember 2016

Die Logotherapie – Viktor E. Frankls Erbe

(Ein einführender Überblick)

Am 2. September 1997 starb der österreichische Psychiater und Neurologe Viktor E. Frankl in Wien im Alter von 92 Jahren. Sein Tod löste international ein starkes Echo in der Fachwelt aus. War er doch einer der letzten Gründerväter psychotherapeutischer Denkrichtungen, nämlich der Logotherapie und Existenzanalyse, und eine weltweit berühmte Persönlichkeit: Überlebender von vier Konzentrationslagern, Würdenträger hoher medizinischer Ehrungen, darunter von 29 Ehrendoktoraten. Mit ihm ging eine Ära zu Ende, die, was die Disziplinen der Psychotherapie und Psychiatrie betrifft, mit Genialität, Menschenkenntnis, Intuition und Weisheit zu tun hatte und weniger mit Verfahrenstechnik, künstlichem Setting und statistischer Effizienzkontrolle. So hat zum Beispiel Frankls Buch „Man's Search for Meaning", das in den USA in Millionenauflage erschienen ist, mehr Menschen in seelischen Nöten geholfen, als er während seiner 25 Dienstjahre als Chef der Neurologischen Abteilung der Poliklinik in Wien in seinen Sprechstunden behandeln hat können. Gemäß einer Umfrage der „New York Times" vom November 1991 über „The book that made the most difference in people's lives", an der Tausende Leser teilgenommen hatten, wurde Frankls Buch unter den ersten zehn der hilfreichsten und einflussreichsten Bücher genannt, und zwar an neunter Stelle. (An erster Stelle stand die Bibel.)

Will man die Essenz des logotherapeutischen Gedankengutes kurz darstellen, muss man eine Auswahl treffen, denn es hat viele Facetten. Eine „Ursprungsfacette" ist sicherlich der *Widerspruch* zu reduzierenden und einengenden Interpretationen des Menschseins. Frankl ist schon als junger Arzt gegen die Thesen seines früheren Mentors Sigmund Freud aufgestanden, wonach traumatisch durchlebte Kindheiten oder unterdrückte Triebimpulse den Menschen ein Leben lang steuern würden. Ebenso meldete er Bedenken gegen die Thesen Alfred Adlers an, wonach der stärkste Motor menschlichen Handelns im Bemühen um die Kompensation tief sitzender Minderwertigkeitsgefühle zu sehen wäre. Nach der Trennung von Adler entwickelte Frankl seine eigene *Anthropologie*, deren Kernaussage lautet: Dem Menschen eignet eine existenzielle (= spezifisch humane) Dimension, die ihn von den anderen Lebewesen unterscheidet und in die die Befunde aus dem biopsychischen Raum nicht einfach übertragbar sind. Frankl nannte sie die geistige oder „noetische" Dimension (vom griechischen Wort Nous = Geist). Fortan konzentrierten sich seine Forschungen auf die Fruchtbarmachung dieser geistigen Dimension des Menschen zur Linderung und Überwindung seelischer Störungen.

Bald zeigte sich, dass allein das Herantragen seiner anthropologischen Konzepte an die Patienten bereits heilsam wirkt. Wir Menschen leben in Bildern, die wir uns von uns selbst, von unseren Mitmenschen, von der Welt und ggf. von Gott konstruieren. (Was allerdings nicht bedeutet, dass es hinter unseren Konstrukten keine wahren Sachverhalte gäbe.) Sind unsere Bilder mit negativen Erwartungen, Entwertungen und Verzerrungen besetzt, geht es uns nicht gut. Wir mögen uns und andere nicht, wir fürchten „Gott und die Welt", und wir empfinden das Leben als kontinuierliche Last. Sind die Bilder im Gegensatz dazu optimistisch und daseinsbejahend, freuen wir uns öfter und es fällt uns leichter, über manch alltäglichen Kummer hinwegzukommen.

Frankl entwarf in seinen Vorträgen und Schriften das Bild des freien Menschen, der sich zu allen Umständen und Gegebenheiten noch innerlich einstellen oder verhalten kann auf eine von ihm gewählte Weise – selbst zu seinen eigenen genetischen Veranlagungen und milieubedingten Prägungen. Der freie Mensch, ausgestattet mit einer „Trotzmacht des Geistes“, muss seinen Triebimpulsen, Minderwertigkeitsgefühlen, Frustrationen etc. nicht unterliegen, weil er sich geistig darüber zu stellen vermag:

> „Es gibt Determinismus innerhalb der psychologischen Dimension, und es gibt Freiheit innerhalb der noologischen Dimension, die als die Dimension der spezifisch menschlichen Phänomene zu definieren wäre ... So ist denn Freiheit eines der menschlichen Phänomene. Sie ist aber auch ein allzu menschliches Phänomen. Menschliche Freiheit ist endliche Freiheit. Der Mensch ist nicht frei von Bedingungen, sondern nur frei, zu ihnen Stellung zu nehmen. Aber sie bestimmen ihn nicht eindeutig. Denn letzten Endes liegt es an ihm, zu bestimmen, ob er den Bedingungen unterliegt, ob er sich ihnen unterwirft. Es gibt nämlich einen Spielraum, innerhalb dessen er sich über sie hinaus erheben kann, womit er ja in die menschliche Dimension überhaupt erst sich aufschwingt.“[1]

Den Aspekt der menschlichen Freiheit verband Frankl mit der „Kehrseite“ desselben Aspekts, nämlich mit der menschlichen Verantwortlichkeit. Verantwortung wofür? Nun, für die jeweils sinnvollste Wahl unter den gegebenen Umständen, für den personalen Beitrag zum „Gelingen des Ganzen“.

Hier wird die Anthropologie Frankls mit *psychologischen Gesichtspunkten* angereichert. Ihnen zufolge ist der Mensch ein sinnorientiertes Wesen, dem ein unauslöschlicher „Wille zum Sinn“ innewohnt. Dieser Wille bricht in der Pubertät – mit dem vollen Erwachen der menschlichen Geisteskraft – als vehemente Sinn- und Identitätssuche durch und begleitet den erwachsenen Menschen als primäre Handlungsmotivation auf all seinen Wegen. Er veranlasst ihn, sich mit Engagement und notfalls Opferbereitschaft wichtigen Aufgaben zu widmen, geliebten Mitmenschen zu dienen, Werke seiner Zuneigung zu schaffen und sich auf Gebieten seines Interesses zu betätigen. Der im Innersten des Menschen verankerte „Wille zum Sinn“ verblasst auch nicht im Alter, sondern stimuliert bis zuletzt zur Ausschau nach zwar schrumpfenden, doch immer noch verbleibenden Restmöglichkeiten, Schönes zu erleben, Gutes zu tun und Nützliches einzubringen. So weit die Skizze der gesunden und mündigen Persönlichkeit. Sie erntet als (unbeabsichtigten) Nebeneffekt mit hoher Wahrscheinlichkeit glückliche Stunden, vorzeigbaren Erfolg, ein stabiles Selbstbewusstsein und insgesamt die Zufriedenheit mit einem erfüllten Leben.

Dazu konträr wird in der Logotherapie der „Modus der neurotischen Existenz“ definiert, womit wir zur Facette der *Krankheitsätiologie in der Seelenheilkunde* überwechseln. Der psychisch – nicht psychotisch! – Kranke verfehlt seine Sinnorientierung. Entweder strebt er direkt und krampfhaft nach Lust, Macht, Anerkennung, Zuwendung und sonstigen Eigenvorteilen, was ihn alsbald scheitern lässt, oder er flüchtet panikartig vor Unlust, Versagen, Beschämung und anderen dräuenden Unannehmlichkeiten, was ihn isoliert und schwächt. Der neurotisch verfangene, ängstliche Patient kreist mit seinen Gedanken und Gefühlen um sich selbst und seine Befindlichkeit, statt sich mutig und selbstvergessen zur Welt zu öffnen und sein Bestes in sie hineinzuverströmen. Er will sich schützen, statt Werte aufzubauen, er zittert ums Geliebtwerden, statt sich liebend zu verschenken. Seine Egozentrik ist die Falle, in die er hineintappt. Und sein verlorenes Urvertrauen, aufgrund dessen er ständig um sich selbst besorgt ist, lässt diese endgültig zuschnappen.

Frankl hat sich nicht mit Spekulationen darüber aufgehalten, was solch seelisch Kranken das Urvertrauen geraubt haben mag. Er war sich bewusst, wie eng die konstitutionell-endogenen Faktoren mit den sozial-exogenen Faktoren beim Werdegang eines Menschen vernetzt sind, und betonte immer wieder, dass noch ein dritter Faktor mitspielt: die Selbstgestaltungskraft des Menschen. Keiner wird nur „gemacht", jeder „macht" auch etwas „aus sich". Von vorrangiger Bedeutung für ihn waren vielmehr die Methoden zur Rückgewinnung des Urvertrauens und das therapeutische Geleit zu einem sinnorientierten Lebensstil.

Mit dem Thema „Methoden" gelangen wir ins eigentliche *psychotherapeutische Einsatzgebiet* der Logotherapie. Da gibt es die geniale Methode der „Paradoxen Intention", die leider häufig mit den ein Vierteljahrhundert später populär gewordenen paradoxen Interventionen aus der Verhaltenstherapie verwechselt wird, z. B. mit der „Symptomverschreibung".

Die Methode der „Paradoxen Intention" hat aber ein besonderes Charakteristikum: Sie mobilisiert Selbstdistanzierungskräfte im Menschen wie Humor, Mut, Fantasie und spielerische Einwilligung in die gewaltigste „Trumpfkarte der Angst", indem der Patient angeleitet wird, sich auf übertriebene Weise just dasjenige innig zu wünschen, was er am meisten fürchtet. Der „lächerliche" Wunsch, z. B. von den Kollegen derart schallend ausgelacht zu werden, dass die Wände des Büros vor lauter Schallwellen wackeln, hebt die „lächerliche" Angst vor einer Blamage aus ihren Angeln. Die Methode ist vielfach variabel und hochgradig erfolgreich, insbesondere bei Angst- und Zwangssyndromen. Letztere, die bekanntlich äußerst schwierig zu heilen sind, weil sie auf einem grundsätzlich perfektionistischen Streben aufruhen, welches verbissen verteidigt wird, sind fast nur über die Einübung von extrem gegenläufigen – eben paradoxen – Intentionen zu sprengen. Der Ordnungsfanatiker etwa, der es wagt, spaßeshalber mit dem absoluten Chaos Freundschaft zu schließen und demgemäß zum Beweis seiner Freundschaft die Utensilien auf seinem Schreibtisch wild durcheinanderrührt, hat seine Krankheit schon fast besiegt.

Ferner gibt es die Methode der „Dereflexion", die auf den ersten Blick in ihrer Bedeutung leicht unterschätzt wird. Da jedoch zahlreiche moderne seelische Störungsformen mit starken Hyperreflexionen (Frankl), also mit einem permanenten gedanklichen Kreisen um das eigene Wohlbefinden, einhergehen, wenn nicht gar auf sie zurückgehen, ist die „Dereflexion“ ihr angemessenes Gegengewicht schlechthin. Sie intensiviert die Fähigkeit des Patienten zur Selbsttranszendenz, das heißt, in einer interessiert-liebenden Zuwendung zu Wertobjekten/-subjekten seiner Umwelt über sich selbst hinauszufühlen und hinauszudenken, und zieht dadurch seine krankmachende Aufmerksamkeit von der eigenen Befindlichkeit ab, die sich – unbeachtet – erholt. Die Problemgruppen blockierter oder pervertierter Sexualität, gestörter autonomer Bewegungsabläufe, gestörter Schlafrhythmen und allgemein psychogener und psychosomatischer Erkrankungen bis hin zum gestörten Selbstwertgefühl bedürfen dringend solch dereflektorischer Aufmerksamkeitskorrekturen, da sie geradezu aufblühen, solange sie im Brennpunkt der Konzentration eines Patienten festgehalten werden. Er strampelt dann wie der Tausendfüßler in der Fabel, der sich aussichtslos verheddert, solange er den Gehvorgang seiner vielen Beinchen rational überwachen will. Ebenso sind seelisches Wohlbefinden und biologische Rhythmen vorrangig Beiprodukte sinnvoller Lebensführung und nicht per se willentlich erzielbar.

> „Es ist wohl selbstverständlich, dass so etwas wie Lebenssinn nicht ärztlich verordnet werden kann. Es gehört nicht zu den Aufgaben des Arztes, dem Leben des Patienten Sinn zu geben; aber es mag sehr wohl eine Aufgabe des Arztes sein, im Wege einer Existenzanalyse den Patienten instand zu setzen, im Leben einen Sinn zu finden, und ich halte eben dafür, dass der Sinn jeweils zu finden ist, also nicht mehr oder weniger willkürlich in etwas hineingelegt werden kann … Niemand Geringerer als Wertheimer schlägt in dieselbe Kerbe, wenn er von einem der jeweiligen Situation innewohnenden Forderungscharakter, ja von dem objektiven Charakter dieser Forderung spricht.“[2] (Frankl)

Die umfassendste Methodenkomposition der Logotherapie besteht in einer Palette von größtenteils philosophischen Hilfen zur

„Einstellungsmodulation“ (Lukas). Logotherapie ist ein zutiefst *philosophisches Gedankengut*. Bei der „Einstellungsmodulation“ wird nun von der alten Weisheit profitiert, dass weniger unsere Bedingungen über die Qualität unseres Lebens entscheiden als vielmehr unsere Einstellungen zu diesen Bedingungen. Wer sagt: „Der Autounfall hat mein Leben ruiniert, weil ich meinen rechten Arm verloren habe und nie mehr zeichnen und malen werde können wie früher“, dessen Lebensfreude und Leidbewältigung ist erheblich geringer als die eines anderen, der sagt: „Bei meinem Autounfall habe ich enormes Glück gehabt, denn ich hätte sterben können. Ich habe zwar meinen rechten Arm eingebüßt, aber inzwischen kann ich dank der Prothese schon wieder erstaunlich gut schreiben.“

Die diversen einstellungsmodulierenden Argumentationsweisen der Logotherapie, allen voran der von Frankl favorisierte „Sokratische Dialog“, helfen Patienten, die Perspektiven zu wechseln, aus denen heraus sie Ereignisse oder Sachverhalte interpretieren. Helfen, sie so zu wechseln, dass die betrachteten Inhalte in sinnvolleres und zustimmungswürdigeres Licht getaucht sind. Dabei bleibt die Affinität von Sinn und Wahrheit streng gewahrt. Es geht nicht um beschönigende Sinndeutungen oder gar Sinnsurrogate, sondern um genuine Sinnfindung in der jeweiligen Situation. Wie aber gelingt Sinnfindung? Überlegen wir, wie „Findung“ überhaupt gelingt. Wie findet jemand eine Stecknadel auf dem Teppichboden seines Wohnzimmers? Die Antwort ist einfach:

1. *Indem er sucht*. Ohne Suche kommt es kaum zu einer „Findung“. (Seelisch kranke Menschen haben oft die Suche aufgegeben oder suchen das Falsche, z. B. Betäubung im Alkohol, statt sinnvolle Lösungen ihrer Probleme, weshalb die Sinnsuche bei ihnen neu entfacht werden muss.)
2. *Indem er, wenn nötig, die Suchlandschaft erweitert*. Im Gleichnis gesprochen, die Stecknadel nicht bloß unter dem Tisch, sondern auch unter den Sesseln sucht. (Seelisch kranke Menschen suchen oft bloß im Alteingeschliffenen und Ausgeschöpften, statt ihren Aktionsradius auszudehnen, weshalb sie inspiriert

werden müssen, die Sinnsuche mit dem Wagnis des Unbekannten zu paaren.)

3. *Indem die Stecknadel tatsächlich im Wohnzimmer vorhanden ist.* Ohne ihr „Dasein“ würde ja die emsigste Suche nichts nützen. (Seelisch kranke Menschen zweifeln oft am Sinn einer Suche nach Sinn und suchen folglich „auf Sparflamme“, ohne Einsatz ihrer gesamten Potenziale. Ihnen muss glaubhaft verdeutlicht werden, dass es keine noch so düster erscheinende Lebenssituation gibt, die nicht doch eine Sinnmöglichkeit böte.)

Zum dritten und in der Vermittlung kompliziertesten Punkt hat Frankl ein *weltanschauliches Gebäude* entworfen, das in seiner brillanten „Metaklinischen Pathodizee“ (= Abhandlung der Frage nach dem Sinn des Leidens) gipfelt. Ein paar erläuternde Worte dazu:

Sinn spiegelt sich im evidenten, unhinterfragten Empfinden von uns Menschen als Affirmation von Sein (Frankl: als „Schrittmacher von Sein“) wider. Wenn etwas unserer Beurteilung nach Sinn hat, dann ist es gut, schön, prima ..., dass es da ist. Wenn etwas unserer Meinung nach Sinn hätte, dann sollte es geschehen; dann wäre es wert, verwirklicht zu werden. Die Kennzeichnung „sinnvoll“ besagt, dass es nicht gleichgültig ist, ob das damit Gekennzeichnete besteht oder nicht, sondern dass sein Bestehen seiner Verwerfung ausdrücklich vorzuziehen ist.

Nun enthält die Schöpfung aber eine unbestreitbar tragische Komponente, wie sie in den alten Mythen als „Abfall der Engel“, „Vertreibung aus dem Paradies“, „Zerbrechen der Ureins“ etc. symbolisiert worden ist. Sie zeigt sich im aggressiven Naturprinzip des Fressens und Gefressenwerdens, im „Schatten“ des Menschen (C. G. Jung), in unserer Sterblichkeit.

„Aber das Leiden hat nicht nur ethische Dignität – es hat auch metaphysische Relevanz. Das Leiden macht den Menschen hellsichtig und die Welt durchsichtig. Das Sein wird transparent hinein in eine metaphysische Dimensionalität. Das Sein wird durchsichtig: der Mensch durchschaut es, es eröffnen

> sich ihm, dem Leidenden, Durchblicke auf den Grund. Vor den Abgrund gestellt, sieht der Mensch in die Tiefe, und wessen er auf dem Grunde des Abgrunds gewahr wird, das ist die tragische Struktur des Daseins. Was sich ihm erschließt, das ist: dass menschliches Sein zutiefst und zuletzt Passion ist – dass es das Wesen des Menschen ist, ein leidender zu sein: Homo patiens."[3] (Frankl)

Eine Affirmation dieser tragischen Komponente ist für uns schlichtweg undenkbar. Das bedeutet, dass sich ein möglicher Sinn jener tragischen Komponente menschlichem Begreifen entzieht.

Hier hakt Frankl ein, indem er die Sinnsuche angesichts der „tragischen Trias von Leid, Schuld und Tod" umdirigiert – die Stecknadel befindet sich gleichsam in einer Sondernische des Wohnzimmers, nämlich im Raum unserer eigenen Antworten auf die uns widerfahrenden Tragödien. Wohl gibt es keine (willkürliche) Sinn-Gebung, aber es gibt eine Sinnvolle-Antwort-Gebung durch den Betroffenen selbst. Auch und gerade auf das Sinnwidrige und scheinbar Sinnlose in unserer Welt können und sollen wir uns die sinnvollsten Antworten abringen, deren wir fähig sind, damit die Tragik wenigstens zum Anlass für Positives, Hoffnungsvolles und Heilendes wird, was sie rückwirkend mit Sinn durchflutet.

Ein grandioses Beispiel dafür ist der in den Selbsthilfegruppen verwaister Eltern diskutierte und stets einleuchtende Gedanke, dass die toten Kinder nicht zum Anlass elterlicher Katastrophen degradiert werden dürfen, sondern Quellen elterlicher Freude bleiben mögen, und dass die verwaisten Eltern daher die Aufgabe haben, ihre verlorenen Kinder in lieber Erinnerung zu behalten, aber dennoch ihr eigenes Leben aufrecht und engagiert weiterzuführen. Analog kann begangene Schuld sinnvollerweise zum Anlass für innere Wandlung werden, oder schwere Krankheit zum Impuls, Wesentliches von Unwesentlichem zu unterscheiden bzw. sich dem Wesentlichen zu widmen usw. Auf die desperateste Situation ist noch eine heroische Reaktion möglich, wie Frankl in seiner „Rolle" als ehemaliger KZ-Häftling bezeugt hat.

Weil nun eine tragische Komponente die Schöpfung durchweht, sind sämtliche sinnvolle Antworten darauf, die kranken und seelisch Not leidenden Menschen nahegelegt werden können, auf Überwindung durch Befriedung ausgerichtet. In der Logotherapie geht es nicht um die Befriedigung von Bedürfnissen, sondern um diesen Frieden mit sich, mit der Vergangenheit, mit den Mitmenschen, ggf. mit Gott. Das Finden der Stecknadel in der Metapher ist sozusagen immer ein Stück Entschärfung ihrer Spitze: Die Liebe hebt sie vom Boden auf, um potenziell Schmerzen in der Welt zu reduzieren. Jeder Sinn, der erfüllt wird, macht unsere Welt menschenwürdiger und lebbarer für alle. Um beim Beispiel der verwaisten Eltern zu bleiben: Jener Ingenieur, der einst begonnen hat, das erste Notrufsäulennetz an deutschen Autobahnen zu entwerfen, war ein trauernder Vater. Sein Sohn war bei einem Verkehrsunfall verblutet, weil nicht rasch genug ärztliche Hilfe zur Stelle gewesen war. Der Vater holte aus seiner Trauer die Kraft und Initiative heraus, sein technisches Wissen zur Verhütung ähnlicher Schicksalsschläge einzusetzen. Dadurch hat er nicht nur zahllose ihm unbekannte Menschenleben gerettet, er hat auch sich selbst vor einem Erstarren im Trauma gerettet.

Friede ist nur zu haben über eine „Transformation des Leides in eine menschliche Leistung" (Frankl), nie aber über ein bloßes Ausagieren des Schmerzes oder gar über einen (auto-)aggressiven Rundumschlag, der die Sinnwidrigkeit des ganzen Geschehens noch vergrößert. Zu dieser Thematik enthält die Logotherapie eine Reihe von konstruktiven Frustrationsbewältigungseinsichten, die sich genauso gut zu *krisenpräventiven Zwecken* anwenden lassen. Eine Fallgeschichte möge das Gesagte verdeutlichen.

Eine 39-jährige Patientin suchte logotherapeutische Hilfe wegen ihrer Angst vor Ohnmachtsanfällen unter Stress. Sie wurde zwar selten ohnmächtig, kaum einmal im Jahr, aber die Angst davor überfiel sie häufig, vor allem im Geschäft, wo sie als leitende Verkäuferin tätig war, und drückte ihr die Brust ab. Medizinisch war nie eine Ursache ihrer Ohnmachtsanfälle entdeckt worden. Es hatte jedoch ein schwerwiegendes Auslöseereignis in ihrer

Kindheit gegeben. Sie hatte einen Lieblingsonkel gehabt, in dessen Sommerhaus sie ihre Ferienzeiten hatte verbringen dürfen, was sie mit äußerst glücklichen Erinnerungen verband. Als sie zehn Jahre alt war, teilte man ihr schonend mit, dass der Onkel gestorben war, ohne dass man ihr sagte, *wie* er gestorben war. Als sie in den Ferien darauf wieder mit den Kindern aus dem Dorf ihres Onkels spielte, wiesen diese – ahnungslos der Unaufgeklärtheit der Nichte – auf den Ast eines hohen Baumes vor dem Sommerhaus und erklärten ihr, daran habe ihr Onkel gehangen. Sie fiel in Ohnmacht. Seither bestand die belastende Verknüpfung von Stressfaktoren und labilem Vegetativum bei der Patientin und jagte ihre Erwartungsängste in die Höhe.

Logotherapeutisch wurde die Patientin zunächst mit mehreren Einstellungsmodulationen gestützt. Sie gewann folgende „tragbare", weil sinnvolle Einstellung

a) *zum Lieblingsonkel:* „Er war gut zu mir und ich verdanke ihm wunderbare Zeiten. Der Arme muss am Ende seines Lebens sehr verzweifelt oder depressiv gewesen sein, aber das löscht keine von unseren herrlichen gemeinsamen Stunden aus. Im Gegenteil, seine liebevolle Beschäftigung mit mir, seiner kleinen Nichte, ist unter diesen Umständen besonders hoch einzuschätzen. Was er mir geschenkt hat, bleibt in der Schatztruhe meines Lebens für immer geborgen; es möge bei Weitem überwiegen, was vielleicht an seinen Vorhaben misslungen ist ..."
b) *zu den Dorfkindern:* „Sie waren Kinder und wussten nicht, welchen Schock sie mir bereiteten. Sie wollten mir nichts Böses antun, sondern waren wahrscheinlich selber von der Tragödie bewegt, weshalb es sie drängte, darüber zu sprechen. Ich kann daraus etwas Wichtiges für meinen Beruf entnehmen. Wie schnell ist unwillentlich und unwissentlich falsch gehandelt! Es braucht Behutsamkeit im Kontakt mit Menschen, und Einfühlungsvermögen. Ich werde dies für mich persönlich beherzigen und künftig noch sorgfältiger als bisher darauf achten, wie ich mit meinen Mitmenschen kommuniziere."

Nach diesem inneren Akt des „Friedensschlusses“ wurde die Patientin instruiert, ihre Ohnmachtsanfälle „paradox zu intendieren“, indem sie sich täglich augenzwinkernd ein „ausgedehntes kleines Ohnmachtsschläfchen am Arbeitsplatz“ wünschte, um sich „mitten im Verkaufsstress elegant aus der Affäre zu ziehen“. Das heißt, sie lernte, ihren Ängsten mit Bravour „ins Gesicht zu lachen“, anstatt sich ihnen zitternd und bangend auszuliefern. Es trat keine Ohnmacht mehr auf, und ihre Lebensangst verwandelte sich alsbald in gelassene, ruhige Lebenszufriedenheit.

Die Logotherapie Viktor E. Frankls kann relativ kurzfristig und dennoch lang anhaltend helfen, was sie für die Nöte der kommenden Generationen, die mit knapper werdenden Ressourcen und blasser werdenden Orientierungsmaßstäben werden rechnen müssen, außerordentlich attraktiv macht. Die in diesem Buch gesammelten Praxiserfahrungen und Fallstudien mögen dies belegen.

Heute ist der erste Tag vom Rest deines Lebens

Das Telefon klingelte, eine Frau aus Berlin wollte mich sprechen. „Frau Doktor“, sagte sie zu mir, „ich leide so sehr unter meiner *Substanzlosigkeit*, alles Schöne in meinem Leben *verdränge* ich, und beim Umgang mit anderen Menschen *regrediere* ich ..., was soll ich dagegen tun?“ Ich wusste nichts über diese Frau, doch ein bestimmter Verdacht stieg in mir auf. „Haben Sie vielleicht ein psychologisches Fachbuch gelesen?“ Prompt bestätigte sie meine Annahme. Die Frau war 50 Jahre alt, eine ehemalige Lehrerin, verheiratet, hatte einen Sohn großgezogen und „hing jetzt ein bisschen in der Luft“. In den vor Jahren aufgegebenen Beruf kam sie nicht mehr hinein, der Sohn war ihrem erzieherischen Aufgabenbereich entwachsen, und die Ehe hatte inzwischen an Glanz eingebüßt. Es war eine ganz normale Lebenskrise, wie sie auftreten kann und gemeistert werden muss, indem man sich neue Lebensinhalte sucht und adäquate persönliche Ziele steckt.

Aber die Frau hatte Hilfe bei psychologischer Lektüre gesucht und dabei Beschreibungen von abwegigen Veranlagungen und Infantilismen gefunden, die sie in Angst und Schrecken versetzt hatten. Je mehr sie sich daraufhin selbst zu beobachten begonnen hatte, desto besser hatte alles scheinbar auf ihre eigene Situation gepasst. Sie hatte sich noch mehr Bücher beschafft und hatte immer weitere Abnormitäten bei sich selber festgestellt, bis sie völlig verunsichert war und nicht mehr aus noch ein wusste; deshalb ihr Hilferuf an mich: „Was soll ich tun?“

Mein Rat konnte nur lauten: „Stellen Sie Ihre psychologischen Bücher vorläufig in den hintersten Winkel Ihrer Wohnung, und vergessen Sie, was Sie gelesen haben! Kümmern Sie sich nicht um Substanzlosigkeit, Regression und sonstige Schreckensworte, und hören Sie auf, sich selbst zu beobachten! Viel gescheiter ist es, wenn Sie darangehen, Ihr Leben konstruktiv zu gestalten, denn bedenken Sie: *Heute ist der erste Tag vom Rest Ihres Lebens.* Es steht allein in Ihrem Ermessen, was Sie aus diesem „Rest“ machen; ja, ob Sie ihn mit sinnvollen Aufgaben füllen und vielleicht sogar zum schönsten und reifsten Abschnitt Ihres Lebens werden lassen. Sehen Sie sich ein wenig um, in der Außenwelt, im Bekanntenkreis; überall werden Sie gebraucht, wenn Sie nur bereit sind, sich in einem Akt der Nächstenliebe zu öffnen. In der Gemeindearbeit, in der Nachbarschaftshilfe, im schulischen Bereich, im musischen Bereich, überall gibt es Einsatzmöglichkeiten, die Sie beglücken würden, wenn Sie nur *hinsehen* und den Blick vom zerstörerischen Wühlen im eigenen Ich lösen!“

Der Frau gelang es offenbar, meinen Rat zu befolgen, denn sie rief noch ein zweites Mal an – zu keinem anderen Zweck, als um sich zu bedanken.

Die Macht suggestiver Einflüsse

Wie stark Suggestivwirkungen sind, weiß man in der Industrie schon lange und nützt sie zum Absatz von Verkaufsprodukten reichlich aus. Wenn wir auch über die Tricks der Werbung geringschätzig lächeln mögen, so ahnen wir doch meist nicht, wir sehr wir ihren Manipulationen unterliegen. Dennoch ist die kommerzielle Nutzung von Suggestivwirkungen verglichen mit dem Nachhall psychologischer Fachliteratur relativ harmlos. Denn das Schlimmste, das die Werbung bewirken kann, ist ein überflüssiger Einkauf von Gütern, also Geldverschwendung. Ein psychologisches Fachbuch aber kann das Leben eines Menschen verändern, und zwar zum Guten oder zum Schlechten. Von psychologischer Literatur geht eine kräftige Suggestionswirkung aus, weil sie über Phänomene berichtet, die jeder allzu gut aus eigener Erfahrung kennt: über die heimlichen Wünsche und Sehnsüchte, über die Träume und Illusionen, über die seelischen Schwächen und Nöte, über Enttäuschung, Hass, Wut und Angst.

Noch um ein Vielfaches stärker sind die suggestiven Einflüsse von Mensch zu Mensch bzw. von Therapeut zu Patient. Eine Mutter erzählte mir folgende recht anschauliche Episode: Als ihr Sohn noch klein war, musste sie einmal zum Arzt gehen und nahm den Jungen mit, da sie ihn nicht allein zu Hause lassen konnte. Nachdem der Arzt die Mutter versorgt hatte, erlaubte er sich mit dem Jungen einen Scherz, indem er ihm einen Finger verband und mit ernster Miene erklärte, der Kleine sei jetzt auch krank wie seine Mutter und müsse deshalb ebenso ärztlich behandelt werden. Als die Mutter mit ihrem Sohn nach Hause kam, wollte sie ihm den Verband vom Finger abnehmen, aber der kleine Kerl weigerte sich, behauptete steif und fest, er sei wirklich krank, und verlangte, zu Bett gebracht zu werden. Unschlüssig, was sie tun solle, legte ihn die Mutter nieder und nahm an, es werde ihm sowieso bald langweilig werden. Doch als sie ein wenig später nachsehen kam, hatte der Junge über 38 °C Fieber, und sie musste tatsächlich einen Kinderarzt holen, der, ohne eine spezielle Diagnose stellen zu können, fiebersenkende Zäpfchen verschrieb. Am nächsten Tag war wieder alles in Ordnung.

Das Beispiel macht die Kraft der Suggestion deutlich, die nicht nur auf Kinder wirkt. Ich habe zahlreiche Erwachsene erlebt, die ähnlich wie dieser Junge auf einen Krankheitskurs festgelegt waren und alsbald in eine echte Krankheit hineingeschlittert sind. Derjenige, der ihnen als Auslöser sozusagen den Pseudoverband um den Finger gewickelt hatte, ist leider nicht selten ein psychologisches Buch oder gar ein Psychologe oder Psychotherapeut gewesen. Viktor E. Frankl hat in diesem Zusammenhang den Begriff der „iatrogenen Neurosen“ geprägt, mit denen seelische Störungen gemeint sind, die einzig dadurch hervorgerufen werden, dass jemand von einem Fachmann bzw. einer Fachfrau als „auffällig“ etikettiert worden ist.

Das Sprichwort: „Wo viel Licht ist, ist viel Schatten“ besagt allerdings, dass dort, wo viel Schatten ist, auch ein starkes Licht sein muss. Die Suggestion ist, in den richtigen Händen und im richtigen Augenblick eingesetzt, ein Heilmittel und kann sehr fruchtbar ins therapeutische Geschehen eingebaut werden. Analog hat die psychologische Fachliteratur die immense bibliotherapeutische Chance, ihre Leserinnen und Leser im Positiven gegen nihilistische und resignative Strömungen der Zeit zu impfen.

Im Grunde könnten nihilistische Bücher einem gesunden Volke gar nicht schaden, weil sich der „gesunde Menschenverstand“ des Einzelnen aufbäumen würde gegen verzerrte und unwürdige Interpretationen seiner selbst. Aber dafür sind unsere abendländische Kultur und der zivilisationsgeschädigte Mensch in ihr nicht mehr gefestigt genug; die fortgeschrittene Degeneration macht uns verwundbar und empfänglich für Auslöser von Panik und Entsetzen. Aufgeklärtheit und Nüchternheit schützen nicht vor Verunsicherung und Entmutigung. Umso mehr brauchen wir, wenn wir schon nicht immun gegen ungesunde Einflüsse sind, die Stützung durch eine positive und lebensbejahende Lebenslehre.

Freilich: Die *Kunst* und damit auch die *künstlerische Literatur* können sich der Gestimmtheit der Träger ihrer jeweiligen Epoche nicht entziehen, sie spiegeln den Zeitgeist wider. Pessimistische Menschen bringen pessimistische Kunstproduktionen hervor. Disharmonische Gemüter schaffen disharmonische Kreativität. Wer sich in der heutigen Kunstbranche auskennt, wird bestätigen, dass in sämtlichen Sparten Chaos und Hässlichkeit die Favoriten sind, und nicht Ebenmaß und Gediegenheit. In gewisser Weise dokumentieren auch die Wissenschaften der Psychologie und Psychotherapie Charakteristika und Leitbilder unserer Gesellschaft. Aber sie sind nicht ausschließlich dazu da, um *Symptome* aufzuzeigen (wie es der Auftrag der Kunst sein mag), sondern sind darüber hinaus aufgerufen, *Therapie* zu leisten. Und dies kann nicht durch eine ständige Bespiegelung der gegenwärtigen Massenfrustrationen, Korruptionen und Krisenfelder geschehen, sondern muss durch die Darstellung von Problemlösungen und gangbaren Auswegen erfolgen. Unter den Botschaften einer verantwortungsbewussten Psychologie haben die sinnvollen Möglichkeiten des Menschenlebens vor dessen emotionalen Entgleisungen zu überwiegen.

Skepsis gegenüber Traumdeuterei

Es gibt eine symbolistische Tendenz in der analytischen Psychologie, die sich mit der Umdeutung menschlicher Gefühle und Verhaltensweisen in Symbole von „seelisch tiefer Liegendem" beschäftigt. In Extremform steigert sich diese Tendenz zu einer Entlarvungs- und Demaskierungsmaschinerie, die hinter allen menschlichen Regungen unbewusste und eher brutale, triebinstinktive (sexuelle oder aggressive) Motive wittert, die das Tageslicht der Vernunft scheuen und daher nur in verdeckten Symbolen ein Ventil finden, um sich bemerkbar zu machen. Der Hang zur Mystik, aus deren Wiege die Psychologie einst hervorging, ist im Symbolismus unverkennbar: Zigarren verwandeln sich zu Penissymbolen, Gebete in Angstschreie vor dem eigenen Vater, Scherben eines Porzellantellers in heimliche Mordgelüste, und spontane Ausgelassenheit wird zu einem sublimierten Mauerblümchenkomplex. Fast immer ist die symbolistische Deutung eine pathologische, obwohl es durchaus auch Symbole für kerngesundes Leben geben könnte, doch leider lautet die erspekulierte Aussage meistens: „Du bist kränker, als du denkst". Und woraus folgern Fachvertreter solcher Tendenzen das „tief liegende Kranksein" einer Person, die sie „analysieren"? Hauptsächlich aus zwei Quellen: aus deren *Träumen* und aus deren *Kindheitserinnerungen*.

Schauen wir uns die Sache mit den Träumen an. Normalerweise vergisst der Mensch morgens beim Aufstehen seine Träume aus der vergangenen Nacht. Träume haben eine biologisch wichtige Entlastungsfunktion, die inzwischen von den Hirnforschern geklärt ist. Es gibt Experimente, bei denen das Träumen künstlich unterbunden worden ist, was den Versuchspersonen eher geschadet hat. Sie fühlten sich tags darauf wie „gerädert". (Ein ähnliches „Traumdefizit" wird auch durch Schlafmittel hervorgerufen, was neben der Abhängigkeitsgefahr ein zusätzliches Argument gegen ihre Verwendung ist.) Träumen ist also wichtig und gesund – und das Vergessen der Träume nach dem Aufwachen ist ebenso wichtig und gesund, sonst hätte es die Natur anders eingerichtet.

In der Psychotherapie werden Patienten jedoch häufig angeregt, ihre Träume zu registrieren und gemeinsam mit den Therapeuten auf „Deutungsgehalte" hin zu durchleuchten. Dies erzeugt nachweislich nicht nur Schlafstörungen, sondern auch vermehrte und angstbeladenere Träume. Insbesondere die symbolistische Richtung der Psychologie fördert zu diagnostischen Zwecken ein richtiggehendes Traumtraining und holt dabei die tollsten und wildesten Träume aus den Patienten heraus.

Mir wurde zum Beispiel von einem jungen Mann berichtet, dass er nach einer Serie von tiefenpsychologischen Sitzungen von ein paar Rasierklingen geträumt habe, die neben einem Tabaksbeutel lagen. Daraufhin sei sein Therapeut in Triumphrufe ausgebrochen, weil sich der von ihm längst vermutete Kastrationskomplex des jungen Mannes endlich deutlich gezeigt habe. Der Tabaksbeutel sei natürlich das Symbol der Männlichkeit, und die Rasierklingen seien Ausdruck einer unterdrückten Furcht vor masochistischer Selbstverstümmelung. Alle Beteuerungen des jungen Mannes, er habe nie im Leben an dergleichen gedacht, halfen nichts, sein Kastrationskomplex wurde beharrlich festgeschrieben. Dadurch irritiert bekam der junge Mann plötzlich ernsthafte sexuelle Schwierigkeiten, die er nie zuvor gekannt hatte.

Bei solchen symbolistischen Deutungen stellt sich grundsätzlich die Frage, ob sie wirklich ins Schwarze treffen. Schließlich sind Rasierklingen und Tabakutensilien simple häusliche Gebrauchsgegenstände, von denen man auch per Zufall träumen kann, wie von sonstigen Dingen des täglichen Einerleis auch. Vor allem aber fragt sich etwas ganz anderes, nämlich welchen Gewinn solche Deutungen erbringen? Was hatte der junge Mann von dem „Wissen" um seinen Kastrationskomplex? Ich habe bei seiner Erzählung keinen Vorteil oder darauf zurückzuführenden Fortschritt bei ihm heraushören können.

Die fragwürdigen Entlarvungstendenzen sind in der Psychologie noch lange nicht überwunden. Mir hat sich einst ein Kollege vorgestellt, der sich um einen Mitarbeiterplatz bewarb. Ich bat ihn, mir ein Ereignis aus seiner bisherigen Tätigkeit zu schildern. Er antwortete, dass er beim sozialpsychiatrischen Dienst einen Mann kennengelernt habe, der schwerkrank daniederlag. Der Mann habe ihm einen schlimmen Traum anvertraut. Im Traum sei der Tod am Fenster des Krankenzimmers erschienen und habe versucht, den Mann mit sich hinauszuziehen. Gespannt wartete ich, wie mein Kollege darauf reagiert hatte. Aber was erfuhr ich? Der Psychologe hatte versucht, den Schwerkranken zu einer zwei Jahre dauernden psychoanalytischen „Kurztherapie" zu überreden, damit man eruieren könne, woher der starke Todestrieb komme, der diesen Mann (angeblich) beherrschte ...

Statt ein paar Worte des Trostes zu finden, um die (immerhin berechtigte) Todesfurcht des Kranken zu mildern, wurde diesem also unterstellt, von geheimen selbstzerstörerischen Kräften beseelt zu sein, deren Aufdeckung eine Durchforstung seiner Vergangenheit erfordere – ein Unterfangen, das der Kranke voraussichtlich gar nicht mehr zu Ende erlebt hätte.

Die Erinnerung ist kein fotografischer Film

Nicht nur in Bezug auf die Träume gibt es fragwürdige Entlarvungstendenzen. Auch in Bezug auf die Erinnerungen an die frühe Kindheit sind tiefenpsychologischen Aufdeckungsstrategien keine Grenzen gesetzt. Und das, obwohl man heute aus Tausenden von Polizeiprotokollen weiß, dass die Zeugenaussagen nach

Unfällen oder Verbrechen in ganz erstaunlichem Maße voneinander abweichen und oft sogar einander widersprechen – selbst wenn es sich um ehrliche Zeugen handelt und das zur Debatte stehende Vorkommnis noch nicht lange Zeit zurückliegt. Umso mehr sind Kindheitserinnerungen außerordentlich verschwommen und subjektiv und demzufolge mit größter Vorsicht zu interpretieren. Es darf nicht alles für bare Münze genommen werden, was irgendwie nach Kindheitstrauma aussieht, auch wenn es auf Anhieb gravierend dünkt. Jedes Kind macht im Zuge seines Heranreifens und Älterwerdens Erfahrungen der Enttäuschung, Zurücksetzung, Entbehrung usw. Es lernt und muss lernen, dass es im Leben nicht nur nach seinen Wünschen geht und dass es selber nicht die Hauptperson im sozialen Umfeld ist. Um das Akzeptieren von notwendigen Verzichten kommt niemand herum, und je eher er dies begreift, umso besser für ihn.

Aber zurück zur Unzuverlässigkeit von Erinnerungen. Vor Jahren kam ich in einem Kinderheim, das ich wissenschaftlich betreute, mit vier Geschwistern in Kontakt, die allesamt Schulprobleme hatten und intellektuell minderbegabt waren. Ich sollte sie testen und die beste schulische Laufbahn für jedes Kind empfehlen. Die Kinder im Alter zwischen 7 und 14 Jahren hatten bis vor drei Jahren bei ihren Eltern gewohnt und waren dann von einem Tag auf den anderen ins Kinderheim gekommen, weil die Eltern geschieden wurden und keiner der Elternteile die Kinder hatte übernehmen können.

Während der Testuntersuchung sprach ich mit jedem Kind einzeln und ließ mir berichten, wie es seine Situation im Kinderheim bzw. seine seltenen Besuche daheim empfinde. Wie überrascht war ich jedoch, als ich von jedem Kind eine höchst unterschiedliche Beschreibung seiner Eltern erhielt sowie eine andere Begründung für deren Verhalten. Während ein Mädchen den Vater als übermäßig streng einschätzte – was aus psychologischer Sicht stets „bedenklich“ klingt –, meinte die um ein Jahr jüngere Schwester, der Vater sei stets freundlich und zu Späßen aufgelegt gewesen. Und während der ältere Bruder den Vater als viel beschäftigten Mann einstufte, der für Spielereien kaum je Zeit gehabt habe, meinte der Jüngste, nur der Vater und sonst niemand habe ihm Spielsachen geschenkt und ihn damit umzugehen gelehrt. Jedes Kind hatte das Elternhaus in anderer Erinnerung, und wenn man auch die Möglichkeit in Betracht ziehen muss, dass sich die Eltern den Kindern gegenüber etwas unterschiedlich verhalten haben mögen, so ist es doch unwahrscheinlich, dass sie solch konträre Habits in der Familie entwickelt haben sollten. Wenn ich mir diese vier Kinder als erwachsene Patienten auf psychoanalytischen Couchen liegend und Kindheitserinnerungen erörternd vorstelle (was sie hoffentlich niemals nötig haben werden), müsste ich krasse Fehldeutungen der ursprünglichen Sachlage befürchten.

Die Erinnerung des Menschen ist kein fotografischer Film, der alles in wahrheitsgetreuen Relationen aufzeichnet, sondern eine Serie von individuell herausgegriffenen Blitzlichtern auf einem nebulosen Vergessenshintergrund. Je nachdem, welche Blitzlichter jemand gesammelt hat und in welche Richtung er dabei vorwiegend geblickt hat, ergibt sich in der Gesamtheit ein Bildablauf mit bunt gemischten Eindrücken von diesem oder jenem Akzent. Bleiben wir somit zurückhaltend bei psychologischen Spekulationen und Deutungen von so dünnen geistigen Spinngeweben wie nächtlichen Träumen oder frühkindlichen Erinnerungen – was wirklich „dahintersteckt“ und ob es für die Gegenwart relevant ist, weiß niemand zur Gänze.

Bist du am Ende, was du bist?

Als Goethe seinen Mephistopheles zum Faust sagen ließ:

> „Du bist am Ende – was du bist.
> Setz dir Perücken auf von Millionen Locken,
> Setz deinen Fuß auf ellenhohe Socken,
> Du bleibst doch immer, was du bist“,

ahnte er nicht, dass er damit seinem „Geist, der stets verneint“ eine Ansicht in den Mund legte, die noch zu Beginn des 3. Jahrtausends verbreitet sein würde. Verbreitet und falsch, denn gerade in der Psychotherapie erleben wir oft das pure Gegenteil des mephistophelischen Wortes. Erleben wir, dass ein Mensch am Ende eben *nicht mehr* derselbe ist, der er einst war, sondern ein anderer geworden ist. Wir beobachten wiederholt, dass ein inneres Wachsen sogar aus Schwäche, Krankheit und Elend heraus noch möglich ist bzw. davon sogar direkt gefördert werden kann.

Wenn z. B. ein Kind ursprünglich unerwünscht gewesen ist, dürfen daraus keine Schlüsse für die spätere Mutter-Kind-Beziehung gezogen werden. Die Mutter braucht Jahre, nach der Schwangerschaft nicht mehr diejenige zu sein, die sie während der Schwangerschaft gewesen ist. Ihre Liebe zum Kind kann gediehen, ihre frühere Ablehnung längst überholt sein. „Am Ende“ ist sie mittlerweile selig über ihr Kind? Auch Faust ist an seinen Zweifeln und seiner schweren Schuld gewachsen, allen Prognosen des Mephistopheles zum Trotz, und vielleicht war es just das, was der greise Goethe in seiner Erleuchtung der Menschheit noch zurufen wollte. Der Mensch muss sich nicht gleich bleiben, nicht als Verbrecher, nicht als seelisch Kranker, nicht als Alter – immer hat er die Fähigkeit, an sich zu arbeiten und sich zu wandeln. Insbesondere Frankl hat betont und belegt, dass es bis zum letzten Atemzug möglich ist, ein Schicksal, das man nicht mehr ändern kann, dadurch zu meistern und mit Sinn zu erfüllen, dass man sich selber ändert.

Unter diesem erfreulichen Gesichtspunkt wird manche populärpsychologische Ausrede brüchig. Ein Mann ärgert sich über seinen Vorgesetzten. Klar, dass er seine Wut an Frau und Kindern auslässt. Klar? Eine Frau war schon als Mädchen in der Schule sehr schüchtern. Klar, dass sie sich im Berufsleben nicht durchzusetzen wagt. Klar? Eine Frau war Prostituierte und heiratet eines Tages einen netten Mann. Klar, dass sie nicht zärtlich zu ihm sein kann. Klar? Ein junger Mann hat eine autoritäre Erziehung genossen. Klar, dass er nunmehr selber seine Untergebenen wegen jeder Kleinigkeit anbrüllt. *Ist das alles klar?* Du bist am Ende – was du bist, du kannst nicht aus deiner Haut ... welch eine bequeme Ausrede, welch eine hoffnungslose Perspektive! Während der symbolistische Ansatz eine menschliche Äußerung umdeutet in das Symbol einer dunklen unterschwelligen Motivation, wird im mephistophelischen Ansatz des Nicht-anders-Könnens menschliches Verhalten als die unumgängliche Fortsetzung vergangener Konditionierungen erklärt. Und während im ersten Fall psychologische Fehlinterpretationen nicht selten sind, kommt es im zweiten Fall zur psychologischen Entschuldigung sämtlicher menschlicher Fehler. Kein Wunder, wenn unter dem Dach einer derartig absurden „Philosophie“ das Sinnlosigkeitsgefühl um sich greift und auch vor der Jugend nicht haltmacht: Der Gedanke, dass all unser Fühlen und Handeln eine tiefer liegende symbolische Bedeutung habe, war wenigstens noch interessant, aber der Gedanke, dass wir unseren eigenen vorprogrammierten Gefühlen und

Handlungsweisen niemals entkommen können, sondern ihnen ausgeliefert sind, ist nicht mehr amüsant, sondern schier trostlos.

Wer also bei der Berührung mit der Wissenschaftslehre der Psychotherapie, sei es in Büchern, sei es in Gesprächen, einer der beiden Grundaussagen: „Du bist kränker, als du denkst!" oder „Du bleibst doch immer, was du bist!" begegnet, der bewahre sich ein gesundes Maß an Skepsis, denn es handelt sich um unfruchtbare Irrwege einer jungen Disziplin. Frankl hat diese beiden Irrwege unter den Begriffen „Reduktionismus" und „Pandeterminismus" angeprangert und ihre Fragwürdigkeit wiederholt kasuistisch nachgewiesen. Wenn geistige Werte auf bloße Symbole niedriger Instinkte reduziert werden, wie es der *Reduktionismus* symbolistisch-psychologischer Aussagen macht, oder wenn geistige Reaktionsspielräume des Menschen als Null deklariert werden, weil die jeweilige Vorgeschichte über den Menschen dominiere, wie es der *Determinismus* mephistophelisch-psychologischer Aussagen macht, dann trägt dies keineswegs zur Volksgesundheit bei. Im Gegenteil: Wer bis dahin nicht durch die aktuelle Weltlage und Weltpolitik verunsichert worden ist, der wird es durch die Psychologie.

Zur Rehumanisierung der Psychologie

Vor mehr als 40 Jahren schrieb Rudolf Lassahn in der „Pädagogischen Rundschau" folgende Kritik:

> „Blickt man auf die aktuellen ‚Reizwörter' in Wissenschaft und Lehre, drängen sich Angst, Aggression und Frustration in den Vordergrund. Wir stehen vor einer einseitigen Polarisierung des Humanen auf negative Sachverhalte. Psychoanalyse, ursprünglich von Befunden bei kranken Menschen ausgehend, und Soziologie beeinflussen diesen Prozess. Der Einzelne und das Böse, die Gesellschaft und das Böse – das ist

seit langem thematisierter Gegenstand der sozialen Handlungswissenschaften. Wir kennen viele Untersuchungen über die Aggression, aber nicht über die Gegenkraft, die Liebe; wir thematisieren das Böse, aber nicht das Gute, wir bekamen die vaterlose Gesellschaft vorgestellt, aber nicht die Freude, einen Vater zu haben; wir wissen inzwischen genau, was Frustrationen sind, doch der Gegenbegriff, die Freude, ist in unserer Wissenschaftssprache der Gegenwart so gut wie nie zu finden."[4]

Fast ein halbes Jahrhundert ist seit diesen Worten vergangen, und doch würde Lassahns Klage in eine moderne Fachzeitschrift perfekt hineinpassen. Die negative Trendwelle ist keineswegs gebannt. Man braucht nur sämtliche Abendfernsehfilme einer Woche zu sammeln und auf ihre Familien- und Menschenbilder hin zu untersuchen, und wird bestätigt finden: In diesem Material wird allzu häufig ungebremst in seelischen Abgründen gewühlt, während das Hohelied der Freundschaft oder der gegenseitigen Anteilnahme eine Rarität ist. Oft soll die Erhellung psychologischer Hintergründe auch dazu dienen, von Schuldzuweisungen abzuschrecken. Aber ist es wirklich eine befriedigende Sichtweise, wenn etwa bei Familiendramen dargestellt wird, dass sämtliche Familienmitglieder Opfer statt Täter sind? Schuld und Verantwortung sind ja nur abzuwälzen um den Preis der Unfrei- und Unmündigsprechung der betreffenden Personen, und dies ist ein hoher Preis. Zu hoch, hätte Frankl gesagt, von dem der bemerkenswerte Satz stammt: „Wenn man dem Menschen die Schuld nimmt, dann nimmt man ihm auch die Würde." Denn die Würde des Menschen besteht nicht zuletzt in jenem winzigen Gestaltungsfreiraum, der dem Menschen in jedem bewussten Augenblick kraft seiner Geistigkeit unverlierbar verbürgt ist.

Man kann zu Recht behaupten, dass Frankl mit seiner „Logotherapie" einen wesentlichen Beitrag zur Rehumanisierung der Psychologie und Psychotherapie geleistet hat. Er wurde nicht müde, die Kreuz- und Querfahrten des im 20. Jahrhundert emporschießenden Psychobooms zu korrigieren, wo dieser speziell menschliches Terrain zu verlassen drohte. Das sorgfältige Studium klinischer Empirie war Frankl durchaus sympathisch, doch durfte es seiner Meinung nach nicht zu einer Nivellierung führen, die den Menschen auf animalisches oder elektronisches Niveau hinabdrückt, gleichsam als Tier unter Tieren oder als computergesteuerten Roboter unter Robotern. Gewiss: Tausendfache Bedingungen prägen unser menschliches Leben, tausendfache Tatsachen können wir uns nicht aussuchen, geschweige denn aus der Welt schaffen. Aber *wie* wir uns innerlich zu diesen Bedingungen und Tatsachen einstellen, *das* schreibt uns niemand vor, auch nicht ein in uns tickendes „Skript". Es kann sein, dass jemand nachts von Rasierklingen und Tabakbeuteln träumt. Ob er sich deswegen Sorgen macht oder darüber lacht, das entscheidet nur er selbst. Genauso kann es sein, dass eine Mutter ein unerwünschtes Kind aufzieht. Ob sie dies mit innerem Groll oder mit aufrichtiger Hingabe tut, entscheidet wiederum sie selbst.

Der Mensch reagiert – natürlich, doch zugleich bezieht er Stellung sowohl zu dem, worauf er reagiert, als auch zu seiner eigenen Reaktion, und diese seine Doppelstellungnahme fließt wiederum in seine nächste Reaktion mit ein. Insofern ist der Mensch stets mehr als ein bloß „reagierendes Wesen": Er ist ein (frei) „agierendes" Wesen, was weder Schimpansen noch Denkmaschinen für sich beanspruchen dürfen. Daher kommt es, dass zehn Personen, die unter nahezu identischen Umständen aufgewachsen sind, zehn verschiedene Lebensläufe einschlagen, oder dass Geschwister mit immerhin ähnlichem Erbgut sich sehr unterschiedlich entwickeln können.

Das alles ist keine Überschätzung des Willens. Es heißt zwar im Volksmund, dass der Wille Berge versetzen könne, dennoch ist auch den Logotherapeuten bekannt, dass die menschliche Willenskraft begrenzt ist. Es geht im Grunde gar nicht um eine „Versetzung von Bergen". Die „Berge" und „Täler", das Auf und Ab des Lebens, sind gleichnishaft unsere „Wegbedingungen". Ob wir die Höhen erklimmen oder vor ihnen kapitulieren, ob wir die Senken mit Ausdauer durchschreiten oder in ihnen stecken bleiben – an ihnen, an den uns vorgesetzten „Bergen“ und „Tälern“ wird und muss sich letztendlich unser Wille bewähren.

Wessen der Mensch dennoch fähig ist

Ich habe Menschen gekannt, denen das Schicksal eine immense Bürde aufgeladen hat, und ich sah sie aufrecht gehen. Ich habe andere Menschen gesehen, deren Schultern frei von jeder Last waren, und trotzdem krochen sie, bildlich gesprochen, gebückt dahin. Es gibt schwere psychiatrische Erkrankungen, deren Symptome sich dem Willen der Patienten vollkommen entziehen. Dennoch verbleibt den Kranken noch lange Zeit hindurch die „Miniwahl“, sich zur eigenen Krankheit positiv oder negativ einzustellen, und schon dieser kleine Spalt in der psychotischen Einmauerung genügt mitunter, um der Krankheit eine Wende zum Erträglichen abzuringen.

Zum Beispiel habe ich eine Frau mit einer mittelschweren (endogenen) Depression gekannt, die ihr Leiden akzeptiert hat und innerlich bereit gewesen ist, die zyklisch wiederkehrenden depressiven Phasen geduldig zu ertragen. Sie bastelte sich ein Schild, das sie während ihrer Anfälle von unaufhaltsamen Weinkrämpfen und Traurigkeit auf ihr Nachtkästchen stellte. Darauf stand: „Jetzt kann es mir nur noch besser gehen!“ Jeder, der sie besuchte, musste über das Schild lächeln, und so, erklärte sie, sähe sie wenigstens hie und da lächelnde Gesichter, wenn sie schon selber nicht zu lächeln vermochte.

Welch eine großartige Haltung kam darin zum Ausdruck, allen Schicksalsfaktoren zum Trotz! Ich bin sicher, dass es diese Frau nur aufgrund ihrer tapferen Haltung fertiggebracht hat, in den gesunden Zwischenphasen zwischen ihren Depressionen ein völlig normales und ausgeglichenes Leben zu führen, was wenigen (endogen) depressiv Kranken gelingt. An diesem Beispiel kann man ersehen, dass es oft nicht möglich ist, per Willenskraft eine

Krankheit zu besiegen oder eine Behinderung abzuwenden, doch eine Verbesserung der eigenen Einstellung zur Krankheit oder Behinderung ist fast immer noch denkbar.

Frankl hat einmal in einem privaten Brief an mich geschrieben: „Wenn sich eine ausweglose Situation nicht äußerlich bewältigen lässt, dann bleibt nur die Flucht nach oben, in die Selbstgestaltung, ins innere Wachsen an einer hoffnungslosen Situation, deren hilfloses Opfer man geworden ist. Ich pflege da stets daran zu erinnern, dass die in einem Wald dicht stehenden Bäume gezwungen sind, nur umso mehr in die Höhe zu wachsen!"

Nun, als Naturliebhaberin kann ich bestätigen, dass in den Hochwäldern meiner österreichischen Heimat die schönsten und höchsten Tannen dort zu finden sind, wo sie derart gedrängt stehen, dass kein Lichtstrahl bis zu den Tiefen des Bodens vordringt und kein Wanderer sich mehr seinen Weg querfeldein bahnen kann. Genauso kann ich als Psychologin bestätigen, dass die beeindruckendsten Menschen, die ich kennenlernen durfte und vor denen ich mich in Ehrfurcht verneige, in den Reihen der Leidenden zu finden waren, und zwar unter denjenigen, die von solch bitteren Schicksalsschlägen getroffen worden waren, dass man hätte glauben können, sie müssten notgedrungen verzagen. Es war jedoch umgekehrt: Sie haben in dieser Situation begonnen, über sich selbst hinauszuwachsen.

Ein weiteres Beispiel war eine Dame aus einer meiner therapeutischen Gruppen, die an einer unheilbaren Krankheit litt. Sie unterstützte mich bei meiner Bemühung, in den Gruppengesprächen anregende Akzente zu setzen, und schaffte es häufig, deprimierte Gruppenteilnehmer zur Wahrnehmung von irgendetwas Wertvollem in deren Umfeld zu animieren. Eines Tages nahm ich die genannte Dame beiseite und sprach ihr meinen Dank für ihre geradezu kotherapeutische Mitwirkung aus. Da sagte sie zu mir: „Ach wissen Sie, seit ich mit meiner Krankheit und ihren absehbaren Folgen lebe, lebe ich unvergleichlich intensiver als vorher. Es ist, als wäre ich noch einmal geboren worden. Ich sehe die wunderbaren Dinge rings um mich, die ich früher nie gesehen habe.

Ich lausche auf die Worte meiner Mitmenschen, ich freue mich über jeden Tag. Ich danke Gott für alles, was ich noch tun kann. Als ich gesund war, bin ich wie blind und taub durch die Tage gehetzt. Jetzt ist mir jede Stunde kostbar, und deswegen tut es mir weh zu beobachten, wie andere Leute ihr Leben griesgrämig vertun. Ich möchte ihnen helfen, sich rechtzeitig auf das ungeheure Geschenk, lebendig zu sein, zu besinnen, bevor es dafür zu spät ist." Ich konnte nur staunen über den Heldenmut dieser Frau. Da war jedes weitere Wort überflüssig, und ich drückte ihr stumm die Hand. Diese Frau hat bewiesen, wessen der Mensch in einer unabänderlichen Lage noch fähig ist.

Das Schreiben von drei Protokollen

Unser Leben ist eine kontinuierliche Serie von Möglichkeiten, von denen jeweils immer nur eine herausgegriffen und verwirklicht werden kann. Ist eine Möglichkeit aber einmal herausgegriffen und verwirklicht worden, dann ist sie es ein für alle Mal. Sie ist sozusagen unauslöschlich in die Wirklichkeit unseres Daseins hineingemeißelt worden, ob uns das gefällt oder betrübt. Daher kommt es in erster Linie darauf an, *sinn- und wertvolle Möglichkeiten* zu entdecken und zu verwirklichen, auf dass uns schlussendlich unsere eigene Lebenswirklichkeit gefällt und wir nicht Versäumnissen nachtrauern müssen, die nie mehr aufzuholen sind. Die Frankl'sche Logotherapie ist konstruiert, um ihren Patienten exakt bei diesem Prozedere Beistand zu spenden. Weder psychische Schwachstellen und alte Verletzungen will sie aufdecken noch geheime, unter der Oberfläche brodelnde Triebmotive. Das Aufdecken ist überhaupt nicht ihr Stil, wohingegen sie sehr wohl als eine *entdeckende Psychotherapieform* bezeichnet werden kann. Und zu entdecken gilt es einiges: einerseits prachtvolle, hehre Möglichkeiten, die in einer bestimmten Situation schlummern mögen und aus ihr herausgefiltert werden sollen. Andererseits die geistigen Kräfte und Ressourcen einer Person, die zur Verwirklichung jener Möglichkeiten nötig wären. Damit nicht genug: Schließlich gilt es auch noch, Argumente für eine Sinnrealisation zu entdecken, vor denen die Person ihr Herz tunlichst nicht verschließen wird. Hier ein Fallbeispiel aus meiner Praxis dazu:

Einer meiner Patienten war Abteilungsleiter in einer großen Firma. Monatelang hatte ein ungemein starker Druck auf ihm gelastet. Diverse firmeninterne Intrigen hatten an seinen Nerven gezerrt. Um nicht einzuknicken, hatte er zum denkbar ungünstigsten Mittel gegriffen, nämlich zum Alkohol, was ihn in einen peinlichen Verkehrsunfall inklusive Führerscheinentzug verwickelt hatte. Dazu kamen erhebliche häusliche Differenzen, die in einer tätlichen Auseinandersetzung mit seinem ältesten Sohn eskalierten. Während der nächtlichen Prügelszene wurde die Polizei verständigt, die den angetrunkenen randalierenden Mann kurzerhand in einer psychiatrischen Klinik ablieferte. Er wurde schließlich entlassen mit dem Ratschlag, sich in psychotherapeutische Behandlung zu begeben, da seine Berufslaufbahn ansonsten bald zu Ende sein würde. Seine Ehe stand bereits vor dem Aus, seine Frau hatte die Scheidung beantragt. Zusätzlich zu all diesen Verwirrungen rebellierte auch der Organismus des Mannes. Er wurde von Übelkeiten und Krämpfen geplagt; Schweißausbrüche kennzeichneten seine schlaflosen Nächte.

Nun war er für sechs Wochen krankgeschrieben, und ich hatte also sechs Wochen Zeit, eine generelle Regeneration der körperlichen und seelischen Gesundheit dieses Mannes anzukurbeln. Das ist für ein solch übles Problempaket nicht viel. Aber immerhin war mein Patient trotz seiner großen Erschöpfung und Apathie zur Mitarbeit bereit.

Als Erstes bat ich seine Ehefrau zu einem offenen Gespräch, in welchem ich ihr darlegte, dass wir eine Phase der Erholung und Besinnung für ihren Mann brauchten, und dass sie diese Phase unterstützen könne durch ein ruhiges, neutrales Verhalten ohne Vorwürfe und ohne eheliche Debatten. Die Scheidungsklage sei im Moment nicht durchzufechten. Wir vereinbarten, dass sie keine alkoholischen Getränke im Hause aufbewahren solle und die

Erziehung der Kinder vorläufig allein übernehmen müsse, da ihr Mann Schonung und Stille benötigte.

Daraufhin verordnete ich meinem Patienten (neben strikter Abstinenz), täglich vier bis fünf Stunden in einer einsamen Gegend spazieren zu gehen und seine Gedanken einfach ziehen zu lassen. Er solle jedoch nicht über sich und seine Ärgernisse nachgrübeln. „Worüber soll ich denn nachdenken, wenn nicht über mich und meine verfahrene Situation?“, fragte er mich überrascht. „Suchen Sie sich etwas zum Nachdenken!“, riet ich ihm. „Etwas Interessantes, worüber Sie noch nie nachgedacht haben, und erzählen Sie es mir bei unserem nächsten Gespräch.“

Als er wiederkam, hatte er über die Technik und insbesondere über die Rolle des Autos nachgedacht. „Eigentlich ist Spazierengehen sehr schön“, sagte er und fügte schmunzelnd hinzu: „Es hat seine Reize, wenn man keinen Führerschein besitzt.“ Auch sein Schlaf und sein Befinden seien besser geworden, seit er viel spazieren gehe. Fürs nächste Mal gab ich ihm ein kleines meditatives Büchlein mit, das er lesen und über das er nachsinnen möge. Als er wiederkam, war er sehr erstaunt über die anregende Wirkung geschriebener Worte. Außer Fachzeitschriften hatte er in den letzten Jahren nichts gelesen.

„Ich möchte, dass Sie jetzt selbst etwas schreiben“, sagte ich zu ihm, „und zwar *drei* Protokolle. Als Erstes verfassen Sie einen Bericht, so als wären Sie einer Ihrer Buben, der später einmal seine Kindheitserinnerungen beschreibt. Stellen Sie sich vor, Sie steckten in der Haut dieses Buben, der schon erwachsen sei, und würden gefragt: ‚Woran erinnerst du dich, wenn du an zu Hause denkst, an deine Jugendzeit?‘ Schreiben Sie in der Ichform alles nieder, was Ihnen dazu einfällt, und seien Sie dabei ganz ehrlich.“

Der Mann fertigte das Protokoll ungern an, aber er brachte es mir. Als er es mir übergab, standen ihm wahrhaftig Tränen in den Augen. Da stand zu lesen: „Ich hatte eine fürsorgliche Mutter, aber von meinem Vater habe ich kaum etwas bemerkt. Er arbeitete wie ein Wilder, und wenn ich ihn sah, dann war er betrunken, oder er tobte, oder – bei einigem Glück – war er bloß unansprechbar ...“

Das zweite Protokoll, das ich den Mann zu verfassen bat, war eines aus der Sicht seiner Frau. Er sollte gedanklich in ihre Gestalt schlüpfen und einen Bericht schreiben über das Thema „Meine Jahre als Frau und Mutter". Fast schon dachte ich, der Patient werde sich diesmal weigern, aber er war aufrichtig wie zuvor, und in dem Bericht stand das Bekenntnis einer großen Liebe, die nur wenig Gegenliebe gefunden hatte.

„Ich weiß, welches Protokoll ich als drittes schreiben soll", sagte der Mann traurig zu mir. „Ich soll die Bilanz meines eigenen Lebens ziehen." – „Ja", antwortete ich. „Jetzt schlüpfen Sie in Gedanken in die Gestalt von sich selbst als alter Mann. Sie halten Rückblick auf Ihr Leben und versuchen festzustellen, was die wichtigen und nennenswerten Ereignisse und Erlebnisse Ihres Lebens waren, und was unwichtig und vernachlässigbar gewesen ist. Überprüfen Sie die wahre Ernte Ihres Lebens, und trennen Sie sie vom ebenfalls vorhandenen Spreu und Stroh."

Nach einer Woche war der Mann wieder bei mir. „Ich fange ein neues Leben an", sagte er. „Ich habe verstanden, was Sie mir zeigen wollen. Dieses Protokoll – es darf nie geschrieben werden! Es darf *von der Wirklichkeit* nicht so geschrieben werden, wie ich es jetzt schreiben müsste, wenn ich ehrlich sein wollte. Aber noch sind meine Kinder nicht erwachsen, noch ist meine Frau nicht fort, noch neigt sich mein Leben nicht dem Ende zu. Gestern habe ich einen Ausflug mit meiner Familie gemacht. Mit der Bahn. Es war ein ganz simpler Ausflug, wie ihn zahlreiche Familien machen, aber für mich war er etwas Besonderes. Die Kinder tummelten sich fröhlich und unbeschwert, meine Frau beobachtete mich prüfend. Ich habe mir Zeit genommen, ihnen zuzuhören, die Landschaft zu betrachten, Zeit genommen, zu Mittag langsam ein Glas Apfelsaft zu trinken und den Fruchtgeschmack zu spüren. Es war ein herrlicher Tag! Ein Tag nach einer unendlichen Folge unglückseliger Tage im Protokoll der Wirklichkeit. Ich werde es doch schaffen ...?"

Mein Patient hat es geschafft. Es ging nicht von heute auf morgen, aber mit seiner neuen Einstellung gelang es ihm tatsächlich,

„Berge zu versetzen". Er entrann dem Alkoholmissbrauch, der bei ihm eher eine Flucht vor Stress als eine echte Sucht gewesen war. Er söhnte sich mit seiner Frau aus und arbeitete intensiv an seiner Vaterrolle. Als er nach sechs Wochen an seinen Arbeitsplatz zurückkehrte, tat er dies in dem festen Vorsatz, sich in keine Hektik mehr hineintreiben zu lassen und lieber den Arbeitsplatz zu wechseln, als neuerlich „durchzudrehen". Bei einem späteren Abschiedsgespräch erzählte er mir, dass er mit den täglichen Anforderungen zurande kam und, sobald es brenzlig wurde, einen Abendspaziergang einzuschieben pflegte, der ihn stets wieder „zur Besinnung brachte". Darüber hinaus freute sich seine Familie auf einen ausgiebigen Erholungsurlaub, den der Mann seit Wochen liebevoll plante. Zweifellos hat Mephistopheles („Du bleibst doch immer, was du bist!") diese Partie verloren!

Ein weiser Ausspruch Frankls lautet:

> „Lebe so, als ob du zum zweiten Mal lebtest
> und das erste Mal alles so falsch gemacht hättest,
> wie du es zu machen – im Begriff bist!"

Das ist eine Maxime, die nicht nur für ausgepowerte Patienten wie den beschriebenen Abteilungsleiter lehrreich ist. Wir alle sollten sie beherzigen, egal, wer wir sind und wo wir gerade stehen. Immer gibt es etwas zu entdecken, was wir besser machen können, immer gibt es sinnvolle Möglichkeiten, die auf ihre Verwirklichung warten – durch uns.

Psychotherapie, wenn sie erstklassig sein soll, hat den Auftrag, dabei „Entdeckungshilfe" zu leisten. Exakt so eine Psychotherapie ist die Logotherapie.

Der schwierige Weg zur Integration

Wir Psychotherapeuten stehen zu unseren Patienten in einem ähnlichen Verhältnis wie eine Gesellschaft ihren Außenseitern gegenübersteht: Beide wollen wir eine Problemberuhigung und (Wieder-)Eingliederung ins normale Leben bei den uns anvertrauten Menschen erreichen. Dabei machen wir Erfahrungen, die mit der berühmten „Fadenkreuzthese" Frankls korrespondieren, wonach Glück und Erfolg bzw. Leid und Misserfolg *nicht parallel, sondern orthogonal* zur psychischen Verfassung zwischen Verzweiflung und innerer Sinnerfüllung einer Person verlaufen.

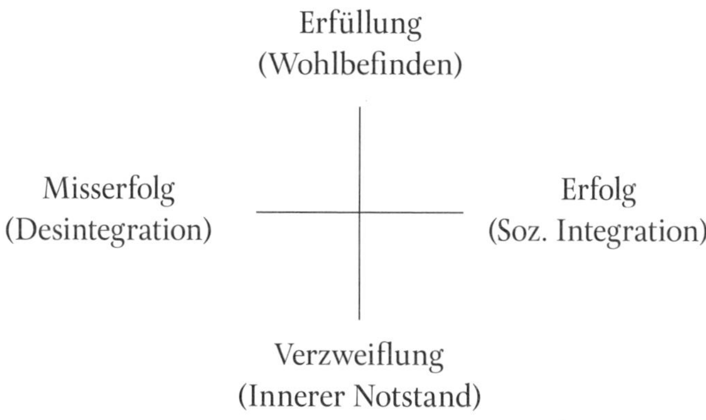

Auf die Gesellschaft bezogen: Auch soziale Integration und Eingliederung oder Desintegration und Isolation liegen auf einem Kontinuum, das nicht gleichläufig ist mit der Achse zwischen Wohlbefinden und innerem Notstand. Es gibt einfach die unerwarteten und unverständlichen Kombinationen von „äußerem Glück plus innerer Verzweiflung" oder von „objektivem Leid plus innerer Sinnerfüllung". Analog gibt es „seelischen Notstand trotz vieler Integrationsbemühungen" und „relatives Wohlbefinden trotz Isolation".

Der entscheidende Faktor bei so merkwürdigen Kombinationen wie den aufgezählten ist der Grad, in dem der von Frankl so benannte „Wille zum Sinn" in einem Menschen frustriert ist oder doch ein passendes „Gegenüber" in der Welt findet. Ist er über längere Zeit frustriert, kann sich keine Zufriedenheit bei einem Menschen einstellen, egal, wie gut es ihm formal gehen mag. Kann der „Wille zum Sinn", den ein Mensch in sich trägt, hingegen irgendwo andocken – an einer zu erledigenden Aufgabe, einer persönlichen Zielvision, der Liebe zu einem geliebten Wesen, einem voll bejahten Engagement etc. –, dann können weder Kummer noch Leid und nicht einmal eine soziale Ächtung die Person in ihren Grundfesten erschüttern.

Was die notwendige Sinnfindung oft behindert, ist die fehlende Wertschätzung günstiger Sachverhalte. Zum Beispiel stellt eine erlittene Tortur einen massiven Beweggrund dar, um gegenwärtig positive Lebensumstände zu schätzen und über sie aufrichtig froh zu sein. Das gilt insbesondere für Flüchtlinge und Immigranten, die in eine soziale Isolation zu geraten drohen. Ihnen wäre es dienlich, sich bewusst zu machen, was das Beste ist, das sie jetzt – im Unterschied zu früher – besitzen. Einwanderer aus fremden Kulturen sind häufig vor katastrophalen wirtschaftlichen Zuständen aus ihrem Land geflüchtet und haben ein minimales Einkommen dafür eingetauscht, freilich um den Preis, sich anpassen zu müssen. Aber selbst die nötige Anpassung, etwa das Erlernen der neuen Sprache, lässt sich im Licht einer wertschätzenden Einstellung akzeptabel verstehen – als eine Chance, den eigenen Wissensstand zu vergrößern und einen Fleck Erde kennenzulernen, der einem ansonsten verschlossen geblieben wäre.

Ein Immigrant mit einer solchen am Sinn orientierten Sichtweise, der also die politische Sicherheit, seine finanzielle Unterstützung oder die guten Schulen für seine Kinder schätzt, wird sich empfänglichen Geistes in seiner neuen Umgebung bewegen und bald nicht mehr völlig fremd sein. Über seine Dankbarkeit wird er *Freude* gewinnen, über seine Aufgeschlossenheit *Freunde*, und beides wird ihm helfen, sich die wichtigste Voraussetzung zur sozialen Integration zu erarbeiten: *Toleranz*.

Mit alledem soll nicht gesagt sein, dass nicht auch das Aufnahmeland seinen Beitrag zum harmonischen Umgang miteinander innerhalb der Bevölkerung zu leisten hätte. Dieser hängt ebenfalls von der Sinnerfassung der dort lebenden Menschen ab. Aus egoistischen Kalkulationen heraus werden die Alteingesessenen ihre „Gäste" vielleicht als „Fremdkörper" oder als „Brotwegesser" ablehnen. Sie können sie aber auch als „Zufuhr an frischem Blut und frischen Ideen" verstehen, die der eigenen gesellschaftlichen Überalterung und Degeneration im Wiederkäuen überlieferter Traditionen gegensteuert. Die Aufhebung der Isolation ihrer „Fremdkörper" würde dann einer eigenen künftigen Isolation in der völkergeschichtlichen Entwicklung vorbeugen.

Der Weg vom Vielgötterglauben zum Glauben an den *einen* Gott, der alles in sich vereinigt, was dem menschlichen Geist in seiner Beschränktheit unbegreiflich bleibt, war lang und dornenreich. Er ist nicht überall auf der Erde zu Ende gegangen. Der Weg vom nationalen Egoismus zum Wissen um die *eine* Menschheit ist nicht minder lang und dornenreich, und der ist noch nirgends zu Ende gegangen. Mag sein, dass die Durchmischung der Völker, selbst wenn sie unvermeidliche Härten und Irritationen für die einzelnen Bürger im Gefolge hat, eine unumgängliche Voraussetzung dafür darstellt, dass dieser Weg mehr und mehr gangbar wird. „Sollen jedoch Werte, soll ein Sinn gefunden werden, der für alle gilt", schrieb Frankl diesbezüglich, „dann muss die Menschheit, nachdem sie vor Tausenden von Jahren den Monotheismus hervorbrachte, den Glauben an den *einen* Gott, nunmehr einen weiteren Schritt folgen lassen, nämlich das Wissen um die *eine* Menschheit. Mehr denn je brauchen wir heute einen *Monanthropismus.*"[5] Ein prophetisches Wort!

Wider die Verfremdung und Vereinsamung

Verfremdung und Vereinsamung sind keine typischen Charakteristika von Minderheiten oder Zuwanderern. Die Zahl der vereinsamten, kontaktschwachen Menschen, die irgendwie „den Anschluss verloren haben", ist hierzulande erheblich gestiegen. Dazu gehören alternde Personen, deren Familienverbände sich aufgelöst haben, Singles, die eine feste Bindung scheuen, Bedürftige und Behinderte, um die sich kaum wer kümmert, oder Alleingelassene, die sich in virtuellen Welten verbarrikadiert haben. Die moderne Tendenz zur Emanzipierung und Privatisierung hat zwar das Selbstbewusstsein der Menschen angehoben und sie aus allerlei Knechtschaften und Untertänigkeiten befreit. Aber, wie sich zeigt, ist das einseitige Auf-sich-selbst-gestellt-Sein auch nicht ideal.

Wie erwähnt, sehnt sich der uns eingeborene „Wille zum Sinn" nach einem „Gegenüber", dem konstruktiv zu begegnen sich für beide Seiten lohnt. Konkret bedeutet dies, dass etwa alternde Personen auch der späten Lebensphase etwas Gutes und Nützliches abringen sollten. Keinesfalls sind alle ihre Fähigkeiten schon verstummt, immer noch können sie (behutsam und unaufdringlich) einiges für ihre Mitwelt einbringen. Ehrenamtliche Betätigungen und kleine Hilfsangebote würden jegliche Verfremdung und Vereinsamung sofort ausräumen und jeglicher potenzieller Verbitterung vorbeugen.

Singles wiederum hätten gerade deswegen die Chance, mitmenschliche Kontakte zu knüpfen, weil sie eben *nicht* gebunden sind. Ob sie sich Gemeinschaftsreisen anschließen, in Hobbyklubs engagieren, an Fortbildungskursen teilnehmen oder ihr Zuhause in einen Künstlertreffpunkt verwandeln – keine familiären Limits sind ihnen gesetzt, die sie zur Rücksichtnahme verpflichten. Und selbstverständlich könnten sie sich auch karitativ engagieren – für jene, um die sich sonst kaum wer kümmert. Es würde die Singles selbst bereichern! Grundsätzlich gilt, dass bereichernde Beziehungen zu anderen Menschen nur über die *Vorleistung* von eigenen Beiträgen aufzubauen sind. Wer darauf wartet, dass jemand fröhlich plaudernd auf ihn zukommt, kann lange warten. Wer hingegen selber elastisch und vital auf seine Mitmenschen zugeht, hat den ersten Schritt aus der Verfremdung und Vereinsamung bereits getan.

In einer Gesellschaft von Kleinfamilien wie der unsrigen ist es ferner im Interesse der jungen Generation, auch *zwischenfamili-*

äre Kontakte zum Gedankenaustausch und für gemeinsame Unternehmungen zu pflegen. Dadurch kann den Heranwachsenden eine bunte Mischung von Persönlichkeiten unterschiedlichen Alters und unterschiedlicher Ansichten präsentiert und ihnen modellhaft demonstriert werden, wie Kompromisse zu entwickeln sind und wie Verständnis füreinander zu schaffen ist. Nichts wird sie mehr brauchen in naher und ferner Zukunft als gerade dies! Da die Überbevölkerung auf unserem Planeten steigt, werden die Nischen der sich selbst genügenden Satten und Eigenbrötler immer rarer. Wir werden allesamt miteinander kooperieren müssen, und dort, wo das nicht friedlich funktioniert, wird es Kriege ohne Ende geben.

Aber bedenken wir: Jede friedliche Kooperation lässt den „Willen zum Sinn" geradezu aufatmen. *Nirgends erfüllt sich Sinn so total wie in einem respektvoll-würdigen zwischenmenschlichen Klima.* „Das Ich wird Ich erst am Du", hat Frankl erläutert. Das heißt: Letztlich ist niemand einsamer als der Egoist! Und niemand sich selbst fremder als jemand, der seinem Leben keine Aufgabe mehr zuerkennt! Die eigentliche Verfremdung ist die Sinnentleerung menschlichen Daseins. Und die absolute Einsamkeit ist die einer Person, die nicht zu irgendeiner Art von Nächstenliebe bereit ist.

Bezüglich des Gesagten gibt es grandiose Vorbilder, von denen ich hier nur eines exemplarisch herausgreifen möchte: Cecily Corti, deren Memoiren jüngst veröffentlicht worden sind.[6] Sie hat Flucht und Vertreibung, Verschleppung und Ermordung ihres Vaters erlebt, drei Söhne großgezogen und Jahre nach dem Tod ihres Mannes – ja was? An Einsamkeit, Erschlaffung, Zurückgezogenheit gelitten? In ihrem Buch steht:

> „Ich wollte mich ganz und gar einbringen, mich verantwortlich fühlen. Spüren, dass das einen Unterschied macht. Ich wollte meiner wachsenden Ohnmacht, einer Art Lähmung, die mich erfasste, etwas entgegensetzen. Ich konnte Präsident Bush nicht stoppen, Bomben auf den Irak zu werfen, ich

konnte auch den Krieg im ehemaligen Jugoslawien nicht beeinflussen. Wer konnte das? Und doch. Wir sind nicht machtlos."

Cecily Corti begann im vorgerückten Alter und alleinstehend ein beeindruckendes soziales Werk zu initiieren, „VinziRast" genannt – ein Projekt für obdach- und heimatlose Menschen. Nicht wenige Hindernisse stellten sich ihr in den Weg, nicht wenige Rückschläge hat sie in Kauf nehmen müssen. Aber sie gewann auch Mitstreiter und Sponsoren, die ihr gerne zur Seite standen. Mittlerweile betreibt sie vier Einrichtungen in Österreich, in denen Obdachlose Notschlafstellen, Waschgelegenheit, Verpflegung und vor allem Achtung und Empathie finden, und es sieht nicht danach aus, dass ihre Kräfte demnächst schwinden würden. Sie hat Verdienst- und Ehrenkreuze erhalten, aber ihre Sorge gilt nicht ihrer eigenen Publizität, sondern dem Zustand der Gesellschaft, in der sie lebt. Sie schreibt:

> „Ich begegne so viel Angst. Vieles droht zu zerbrechen, was sicher schien. Unser Wertesystem, das durch Jahrhunderte Gültigkeit hatte, löst sich auf und sieht sich zunehmend bedroht durch die vermeintliche Islamisierung. Ratlosigkeit und Angst auf allen Ebenen. Und immer wieder die Hoffnung, man könne die Verantwortung auf die Politik und öffentliche Institutionen übertragen. So werden wir zu einer Gesellschaft von Zuschauern und Jammerern und merken nicht, wie dabei unsere Würde beschädigt und die Angst größer wird."

Nun, ich hätte dazu einen Vorschlag: Würden die Filmemacher statt jedem zehnten Krimi oder Horrorfilm eine Person wie Cecily Corti vorstellen und deren uneigennützigen Einsatz ins Rampenlicht rücken, ja, würden sie für das riesige TV-Publikum packend veranschaulichen, wie sich der „Wille zum Sinn" wider jegliches Ohnmachtsgefühl durchsetzen und erfüllen kann, dann gäbe es in unserer gegenwärtigen Gesellschaft ein paar „Zuschauer und

Jammerer" weniger. Es gäbe weniger Einsamkeit und weniger Verfremdung. Und es gäbe ein paar Jugendliche mehr, die wieder an sich und ihre Zukunft glauben.

Zur Verkraftbarkeit von Stress und Muße

Arthur Schopenhauer hat einmal gemeint, dass das menschliche Leben ständig zwischen zwei Extremen hin- und herpendle, nämlich zwischen Not und Langeweile. Wie wahr diese Vermutung ist, wissen wir aus der psychotherapeutischen Praxis, denn beide Extreme können Menschen schier zur Verzweiflung treiben: Not erzeugt Hoffnungslosigkeit, und Langeweile erzeugt Daseinsvergeudung. Schenkt man statistischen Zahlen Glauben, so leiden je ca. 20 % der heutigen europäischen Bevölkerung an dem einen wie an dem anderen; am Frust des sich unaufhörlich Sorgenmüssens um die eigene Existenz – oder an einer „existenziellen Frustration" (Frankl), das heißt, an einer inneren Leere und Übersättigung bei materieller Sorgenfreiheit.

Freilich bieten sich Alternativen dazu an. Beide Extreme können auch als Stimulatoren für die Mobilisierung geistiger Kräfte verstanden werden und in dieser Funktion menschliches Potenzial entfalten helfen statt lähmen. Not kann zum Impuls werden, dass der Betreffende seine Fähigkeiten konzentriert einsetzt, um die Not zu überwinden. Langeweile kann ein Impuls dafür sein, endlich die Fesseln der Passivität zu sprengen und sich der Forderung des Lebens wieder bewusst zu werden, wonach uns sozusagen die Erfüllung des uns Bestmöglichen aufgetragen ist. „Aber das Tun ist nicht etwa dazu da, dass wir der Langeweile entgehen", schrieb Frankl, „sondern die Langeweile ist dazu da, dass wir dem Nichtstun entgehen und dem Sinn unseres Lebens gerecht werden."[7]

Die beiden Extreme können auch mit den Vokabeln „Stress" und „Muße" umschrieben werden. Denn jede Form von seelischer

Belastung oder gar Überlastung produziert Stress, wohingegen die Formen von kritischer Entlastung und seelischer Unterbelastung im Allgemeinen mit einem Zuviel an Muße gekoppelt sind. Vom psychohygienischen Standpunkt aus gibt es dazu eine bewährte Regel, die lautet: *Stress braucht eine Zukunft, und Muße braucht eine Vergangenheit, um verkraftbar zu bleiben.* Wieso das?

Überlegen wir: Arbeit, Leistungserbringung und sämtliche schöpferisch-gestalterischen Prozesse, seien sie manuell oder geistig, sind zukunftsorientiert. Selbst im komplizierten Getriebe eines Unternehmens hat jeder Mitarbeiter gewisse Zukunftsvorstellungen mit Zugkraft: die Übernahme einer verantwortungsvollen Tätigkeit, Anerkennung oder einfach das tägliche Brot – auch morgen noch. Im Privatbereich stehen die Ziele klarer vor Augen. Wer sich Einbaumöbel zimmert oder wer seine Familienchronik niederschreibt, möchte etwas in die Zukunft hineinschaffen, und der Gedanke an die spätere Vollendung seines Schaffens gibt seiner gegenwärtigen Tätigkeit Sinn. Bei solcher Zukunftsorientierung wird Stress als kaum belastend wahrgenommen. Im Gegenteil, es wird eher als lästig empfunden, wenn ein Außenstehender die zukunftsorientierte Arbeit stört. Ein Maler etwa, der an einem Porträt arbeitet, kann höchst ungehalten werden, wenn er den Pinsel beiseitelegen soll, um irgendeiner Fremdverpflichtung nachzukommen. Er ist innerlich an seine Malerei hingegeben, die nach Fertigstellung drängt, und das Arbeiten freut ihn, obwohl er stundenlang dabei ausharren muss.

Anders ist es mit der Zeit der Muße, die verständlicherweise keine Zukunftsorientierung haben kann. Sie ist ja die Pause zwischen den Schaffensperioden, die der Rekreation und inneren Sammlung dient. Dennoch bedarf auch müßig verbrachte Freizeit eines Sinnkonnexes, und zwar mit einer vorangegangenen Tätigkeit, die unterbrochen oder abgeschlossen worden ist. Die beste Muße ist diejenige, die auf eine intensive Arbeitsphase folgt, welche zu einem guten (Zwischen-)Ergebnis geführt hat. Die Zufriedenheit mit dem getanen Werk und mit sich selbst überstrahlt die Pause danach, die man sich gönnt, um wieder zu Kräften zu gelangen. Wer müde nach des Tages Arbeit nach Hause kommt, wird einen ruhigen Feierabend am ehesten genießen. Der Maler, der sein Porträt vollendet hat, wird sich vielleicht erschöpft und doch „ergriffen“ im Lehnstuhl ausstrecken. Der Hobbybastler, dessen Zimmereinrichtung im Eigenbau gelungen ist, wird durch die Räume schlendern im stolzen Bewusstsein, sein Vorhaben ausgeführt zu haben.

Wehe aber, wenn Stress keine Zukunft und Muße keine Vergangenheit haben! Wenn Arbeit ziellos geschehen muss, z. B. bloß in sich wiederholender Routine besteht, und wenn (nicht selten als Konsequenz davon, aber auch im Falle von Arbeitslosigkeit) die Pause keine zufriedene Resonanz auf die vorangegangene Tätigkeit in sich birgt ... Dann wird Stress unerträglich, weil man nicht weiß, *wozu* man sich abplagen soll, und dann wird müßige Freizeit so schrecklich langweilig, weil man nicht weiß, *wovon* sie denn ein Ausruhen bedeuten soll. Beide Pole, aus ihrer Sinnvernetzung herausgebrochen, verlieren ihre dynamisierende bzw. erholsame Wirkung, und zurück bleibt jeweils die reine Quantität an Spannung oder Entspannung, die ab einem bestimmten Volumen pathogen wird.

Der Mensch lebt nicht für sein Brot allein

Zur seelischen Gesundheit gehört ein ausgewogener Rhythmus von Belastung und Entlastung bzw. von Stress und Muße. Sollte jemand seine tägliche Arbeit hauptsächlich unter fremdem Zwang und Druck verrichten, wobei sich kein eigener Ansporn abzeichnet, ist dies gefahrenträchtig, wie das moderne Schlagwort vom „Ausbrennen“ belegt. Arbeit, die nur um des Gelderwerbs willen lustlos absolviert wird, erbringt keine innere Zustimmung. In Zeiten von Wirtschaftsflauten ist natürlich jeder, der überhaupt einen Arbeitsplatz hat, zu beneiden. Ob ihm die Arbeit zusagt, ist dann irrelevant. Trotzdem sollte er seiner Tätigkeit auch bei Nichtgefallen ein Fünkchen Eigenkreation abringen und ihr eine winzige Zielsetzung voranspannen – zum Beispiel, sie in Abständen neu zu strukturieren und Ähnliches –, um anfallenden Stress besser aushalten zu können. Und er sollte seine (ggf. geringe) Freizeit sehr bewusst zur Entspannung nutzen.

Freizeit wiederum, und zwar beglückende freie Erholungszeit, setzt eine zuvor abgelaufene intensive Schaffensperiode voraus; zumindest bedarf sie einer gewissen Ermüdung durch zuvor geleistetes Werken. Eine Muße, die nicht auf eine ausgefüllte Zeitspanne folgt, sondern auf eine Zeitspanne, in der der Betreffende sowieso schon nicht ausgelastet gewesen ist, die also keinen Kontrast zu einer übernommenen Aufgabe bietet, trägt ebenfalls Gefahrenmomente in sich. Frankl hat in diesem Zusammenhang vor der Entwicklung von „Sonntagsneurosen", „Arbeitslosigkeitsneurosen" etc. gewarnt, die praktisch „Freizeitneurosen" sind. So sehr sich jedermann nach Freizeitreservoiren sehnt, können solche bei zu geringer Auslastung einer Person mehr Unheil als Heil bedeuten.

Ist der Rhythmus von Beschäftigung und Freizeit zugunsten der Freizeit aus der Balance, wie es etwa in Rekonvaleszenzphasen geschehen kann, in denen jemand krankheitsbedingt nicht arbeitsfähig ist, kann ein „Trick" ein wenig Linderung verschaffen. Dabei wird die Freizeit nochmals funktional unterteilt in einen aktiven und in einen kontemplativen Teil. Der aktive Teil soll dann praktisch das Fehlen einer sinnvollen und zielgerichteten Arbeit kompensieren, und der kontemplative Teil behält die ursprüngliche Funktion der Freizeit als Ruhe- und Entspannungsreservoir bei. Gelingt dies, gewinnt der Betreffende Freude an seiner Leistung im aktiven Teil – Leistung im besten Wortsinn verstanden! – und dadurch auch Zufriedenheit mit der vollbrachten Leistung im nachfolgenden kontemplativen Teil, in dem er wieder „auftankt". Es wird also die natürliche und bekömmliche Konstellation eines Wechselspiels zwischen sinnerfüllter Arbeit und davon emotional überstrahlter Erholungspause künstlich aufgebaut, indem ein engagiertes Tun innerhalb der unausgefüllten Freizeit geweckt wird, welches zwar die Pause verkürzt, sie aber als zufriedenstellender erleben lässt als vorher.

Es müssen nicht Mittel gesucht werden, um die Freizeit möglichst angenehm zu verbringen, wie es oft Usus ist. Vielmehr sollte die Freizeit, die einem bei Abzug aller häuslichen und beruflichen Tätigkeiten noch zur Verfügung steht, selber als Mittel verwendet werden, um etwas Individuelles zu unternehmen, das genau zu einem passt. Ist diese Restfreizeit *kurz*, sollte nicht mehr viel in sie hineingepackt werden, denn der Organismus muss sich regenerieren. Es reicht, Ablenkungen zu reduzieren und Stille einkehren zu lassen. Ist sie *lang*, darf schwungvoll mit Talenten gewuchert werden. Wer sich an diesen Doppelrat hält, wird „angenehme" Stunden der Muße erleben, die die Stunden unvermeidlichen Stresses ausgleichen.

Ich habe eine unverheiratete Beamtin gekannt, die äußerst deprimiert war, weil sie sich müßig und überflüssig vorkam. Ihre tägliche Arbeit war eintönig, und ihre Freizeit plätscherte ohne „Würze" und Inhalt dahin. Im Laufe unserer Beratungsgespräche kam sie auf die Idee, kostenlose Weiterbildungskurse für junge Leute anzubieten, vor allem für Anfänger einer Beamtenlaufbahn. Da sie sich größte Mühe gab, die Kurse lebendig und abwechslungsreich zu gestalten, erhielt sie häufig dankbare Rückmeldungen, und die Treue und Begeisterung ihrer Schüler steckte sie an. Ihr Leben bekam einen ganz neuen Sinn, ihre Abende und Wochenenden waren ausgefüllt, und sie dachte nicht im Entferntesten mehr daran, mit sich und ihrem Beruf zu hadern.

Der Mensch lebt nicht vom Brot allein – dieser bekannte Satz kann auch umformuliert werden: Der Mensch lebt nicht *für* sein Brot allein! Er braucht (in oder neben seinem Broterwerb) einen persönlichen Wirkungsbereich, in dem er unverwechselbar das Seine tut und unvertretbar ist. Ob sich die „Dienstzeit" oder die Freizeit oder im Idealfall beides dafür eignet, variiert von Mensch zu Mensch und von Situation zu Situation; bloß wenn überhaupt keine Zeit dafür reserviert wird, kehrt keine Ruhe in die Seele ein. Wahrhaftig tiefe Ruhe schöpfen wir nur aus der Zufriedenheit mit uns selbst, und diese wiederum ist der Lohn unseres konstruktiven und positiven Einsatzes auf dem Platz, auf den wir nun einmal hingestellt sind. Insbesondere die Sinn- oder Sinnlosigkeitserfahrung in der Freizeit gleicht in gewisser Weise sogar der Sinn- oder Sinnlosigkeitserfahrung unseres gesamten „Erdengastspiels“. Denn auch das Sterben, das Hinübergleiten in die tiefste und endgültigste Ruhepause, die es gibt, ist bitter, wenn wir auf ein ungenütztes und fades Leben zurückblicken müssen, und ist sanft und gütig, wenn es von der Zufriedenheit eines erfüllten Daseins überstrahlt wird.

Der Umweg zur Selbstfindung

Wer gelegentlich Spaziergänge im Park macht, um Singvögel zu füttern, weiß um jenes Geheimnis, dem Frankl in seiner Logotherapie wieder auf die Spur gekommen ist, nämlich, dass sich manch Kostbares nicht auf direktem Wege erreichen lässt. Es benötigt einen Umweg. Der Vogelliebhaber jedenfalls weiß, dass er nicht die Hand nach seinen Lieblingen ausstrecken darf, ja, dass er sie auf Nimmerwiedersehen verscheuchen würde, wollte er direkt nach ihnen greifen. Hat er aber Geduld und kann er mit dem Futter auf der offenen Handfläche warten, wird sich früher oder später ein kleiner gefiederter Held auf seine Hand wagen und das Dargebotene „stibitzen".

Analog ergeht es dem modernen Menschen in Bezug auf seine heiß ersehnte *Selbstfindung*, die sich dem direkten Zugriff entwindet. „Seit 20 Jahren bin ich auf der Suche nach mir selbst und finde nichts", klagte eine in Selbsterfahrungs- und Encountergruppen kundige Patientin bei mir. Meine Aufgabe war es, ihr den Umweg schmackhaft zu machen: Den Umweg über das Nicht-Selbsthafte. „Sehen Sie sich um. Was sehen Sie?"

Noch war die Patientin wie blind für ihre Mit-, Außen- und Umwelt. Das logotherapeutische Gespräch sollte jedoch ihre Sinne schärfen und ihren Blick klären. Wir sprachen von anderen Menschen und deren Erlebnissen. Wir sprachen von sachlichen Veränderungen, die ein Stück Durchbruch erschließen könnten, wo bislang Sackgassen endeten. Langsam vermochte die Frau mir zu folgen. Es stellte sich heraus, dass viele Startgüter ihres Lebens vernachlässigt worden waren: ihr ehemaliger Freundeskreis, die Hausmusik, die sie einst geliebt hatte, die ungebremste Kreativität ihrer Mädchenjahre. „Wie ist das alles gekommen?", fragte sie mich. Wir einigten uns, die Frage umzuformulieren: „Was kann der Sinn dessen sein, dass alles so gekommen ist?" Sie ahnte die Antwort. Der Sinn konnte darin liegen, dass sie sich buchstäblich besann.

Anfangs standen täglich drei Vorhaben auf dem therapeutischen Programm:

1) *Eine nette Begegnung mit einem anderen Menschen.* Es durfte auch eine gedankliche Begegnung sein, ein geschriebener Brief, ein Telefongespräch. Die Patientin sollte sich bei dieser Begegnung wohlwollend der anderen Person zuwenden, sie wahrnehmen, ihre Situation überdenken und die richtigen Worte für sie auswählen.
2) *Eine nützliche Handlung.* Wir grübelten nicht darüber nach, was „nützlich" sei, denn die Patientin verstand durchaus, was gemeint war. Eine Tätigkeit, die einen Sinn hat und zu etwas Brauchbarem führt. Für die man sich Ideen, aber auch Anstrengung, Ausdauer und ggf. Selbstüberwindung abringen muss.
3) *Eine stille Pause,* die mit Meditation gefüllt ist, und zwar mit gegenständlicher Meditation. Es sollte etwas betrachtet und erfühlt werden. Der rötliche Abendhimmel eignete sich dafür genauso wie der knorrige Baum vor dem Fenster oder die Blüte des Weihnachtskaktus in der Auslage eines Geschäfts. Es ging um die Schau, die das Subjekt mit dem Objekt verknüpft.

Die Vorhaben erwiesen sich als schwierig, aber umsetzbar, und es folgte eine Zeit heilsamen Umlernens. Kam die Frau zur Beratung, fragte ich sie: „Was haben Sie mit Ihren ‚geistigen Augen' gesehen?" Sie konnte mehr und mehr berichten. Alte Freundschaften lebten wieder auf, vergessene Übungen am Akkordeon wurden reaktiviert, ihre Sensibilität für die Welt nahm zu. Ihre Tage wurden voller, die Stunden inhaltsreicher. Bald brauchte sie sich keinen

Tagesplan mehr aufzustellen, denn zwischenmenschliche Kontakte, nützliche Tätigkeiten und besinnliche Pausen waren ihr zur Selbstverständlichkeit geworden. Sogar wöchentliche Hausmusikabende wurden installiert. „Mir geht es gut wie schon lange nicht", berichtete die Frau, „es kommt mir vor, als wäre ein Albtraum vorüber." Nachdenklich sah ich sie an. Dann thematisierte ich das „heiße Eisen" ein letztes Mal: „Was ist nun mit Ihrer Suche nach sich selbst?" Sie lächelte: „Seltsam, als ich aufhörte, mich zu suchen, begann ich, mich zu finden ..."

Selbstfindung, Ichstärke und Selbstsicherheit entziehen sich jeglicher direkter Anpeilung, was sich in Fachkreisen längst herumgesprochen haben sollte. Doch immer wieder biegen schlecht ausgebildete Seelenhelfer den Blick ihrer Klienten in einer „Nabelschau" auf diese zurück und fördern damit eine Einigelung, die just das Angepeilte verscheucht. Das Selbst entwickelt sich nicht, wenn es beachtet und analysiert wird. Im Gegenteil, es scheint zu zerrinnen wie Eis auf einer heißen Herdplatte.

Es ist geradezu ein Kennzeichen des labilen Menschen, dass er stets glaubt, „eben so zu sein und nicht anders zu können", dass er also sein Selbst an irgendwelchen Eigenschaften von sich festnageln möchte und sich solcherart zu definieren trachtet. Unser Selbst ist aber kein starres „Etwas", es ist nicht statisch und insofern auch nicht „findbar", sondern stellt einen flexiblen Personenkern dar, der sich in die verschiedensten Formen ergießt. Ihm die richtige Form anzubieten, ihm Raum zu lassen in einem edlen Gefäß – *das* gewährt optimale Selbstverwirklichung!

Mit alledem will ich nicht sagen, dass ein gerüttelt Maß an Selbsterkenntnis zu verachten wäre. Ich will nur sagen, dass es indirekter Mittel bedarf, um dahin zu gelangen. Das Leben ist unser bester Lehrmeister. Was immer wir ihm völlig absichtslos schenken, schenkt es an uns zurück. Es ist in der Tat wie mit den Vögeln im Wald, die sich am ehesten demjenigen nähern, der sie nicht fangen will. Ein ans Leben verschenktes Selbst kehrt zu uns zurück, und das weiß der Normalbürger instinktiv. Er spielt nicht, um sich selbst auszudrücken, sondern er drückt sich selbst aus, indem er spielt. Er spricht nicht mit seinen Leidensgenossen, um sich selbst besser zu verstehen, sondern er versteht sich selbst besser, indem er andere Menschen tröstet. Er macht nicht seine Arbeit korrekt, um sich selbst zu finden, sondern er findet sich selbst u. a. dadurch, dass er sich in seine Arbeit hineinkniet. Mutter Teresa suchte nicht ihre Selbstverwirklichung in den indischen Slums und gelangte wahrscheinlich gerade deswegen zu einer an Werten unglaublich reichen Identität.

Endlich an sich selber denken?

Ich suchte Gott
und fand ihn nicht.
Ich suchte mich selbst
und fand mich auch nicht.
Ich suchte meinen Nächsten
und fand – alle drei.
(Aus dem Talmud)

Die bewunderungswürdigsten Persönlichkeiten sind diejenigen, die sich so sehr einem Ideal widmen, dass sie sich selbst vergessen. Die erfolgreichsten Menschen sind diejenigen, die sich um den Erfolg überhaupt nicht kümmern, sondern ein sinnvolles Ziel vor Augen haben, für das sie sich einsetzen. Einer meiner geheilten Patienten schrieb in einem Dankesbrief an mich den aufschlussreichen Satz: „Seitdem mir die früher für mich selbst wichtig erscheinenden Dinge egal geworden sind, rennt mir der Erfolg förmlich hinterher ..." Die glücklichsten Menschen sind diejenigen, die keinen einzigen Gedanken an ein zu erwartendes Glück verschwenden, sondern sich ganz der Freude des Augenblicks hingeben. Wer nach Erfolg und Glück greift, greift unweigerlich ins Nichts – oder, wie Frankl es formulierte: Der „Wille zur Macht" (Adler) steht sich selbst genauso im Weg wie der

„Wille zur Lust" (Freud). Wer hingegen die „Sache an sich" ersehnt, erhofft, erkämpft, erduldet ..., dem wird Erfolg und Glück dazugeschenkt.

Mir ist der Fall einer älteren Krankenschwester bekannt, die aufopfernd ihren Beruf ausübte und stets noch ein wenig mehr für die Kranken tat, als sie hätte tun müssen. Unzählige Nachtwachen hatten ihr Gesicht gezeichnet, und vom ständigen Herumlaufen war ihr Rücken gebeugt; aber an Ausdauer, Energie und Güte war sie den jüngeren Kräften auf ihrer Station überlegen.

Eines Tages wurden die Schwestern des Hauses zur Teilnahme an wöchentlichen Supervisionsstunden verpflichtet. Dabei sollten sie dem Supervisor offenbaren, welche unbewältigten Konflikte sie bei ihrer täglichen Arbeit bedrückten. Auch sollten sie sich gegenseitig eingestehen, welche Zorn-, Antipathie- oder Eifersuchtsgefühle sie hegten. Als die ältere Krankenschwester diese Supervisionsstunden missbilligte und äußerte, die Zeit lieber den Kranken widmen zu wollen, wurde sie als „auffällig" klassifiziert und als typisches Beispiel für jemanden hingestellt, der an einem „Helfersyndrom" leidet und sich zwanghaft einbildet, ohne Unterlass anderen Menschen dienen zu müssen. Die Krankenschwester wurde mittels sanften Zuredens genötigt, sich einer psychotherapeutischen Behandlung zu unterziehen.

Während dieser Behandlung wurde der Lebenslauf der Krankenschwester nach Fehlentwicklungen durchleuchtet, wobei großes Gewicht darauf gelegt wurde, dass sie ledig geblieben war und ohne Mann zu Hause lebte. Als sie erklärte, ihr Verlobter sei im Zweiten Weltkrieg gefallen und sie habe sein Andenken bewahrt, indem sie allein geblieben war, wurden bei ihr sexuelle Defizite diagnostiziert, die zur Ersatzbefriedigung in der Arbeit geführt hätten. Die Krankenschwester wollte das nicht akzeptieren. Sie meinte schlichtweg, die Arbeit mit Menschen habe ihr immer schon Freude bereitet; doch ihr Widerspruch wurde als zusätzlicher Beweis für ihre seelische Störung gedeutet.

Kernpunkt der Therapie war schließlich die eindringliche Mahnung, sie müsse aufhören, immer nur an andere zu denken, und müsse beginnen, *endlich an sich selber zu denken*. Sie müsse ihre intimsten Bedürfnisse erforschen und ihren heimlichsten Träumen nachsinnen, um herauszufinden, nach welcher Befriedigung es sie am meisten dränge. Von den vielen Spekulationen über sich selbst wurde die Frau total verwirrt und zweifelte bald an allen ihren bisherigen Handlungen und Motiven. Sie grämte sich, wurde abweisend und verschlossen, lächelte die Kranken auf ihrer Station nicht mehr an und sprach ihnen nicht mehr Mut zu. Alles war ihr als „Ausdruck unbewusster Konflikte" verdächtig, und je mehr sie über ihre jeweiligen Beweggründe nachgrübelte, desto düsterer und „armseliger" dünkte sie auf einmal ihr Leben. Die Schwermut, die sie befiel, wurde als „Depression" interpretiert, und es dauerte nicht lange, da tauchte die Frage auf, ob sie dem Klinikbetrieb noch gewachsen war oder besser in Frührente gehen sollte. Dann hätte sie auch mehr Zeit für sich selbst als unter der ständigen Arbeitsbelastung. Die Krankenschwester wollte nicht vorzeitig zu arbeiten aufhören, aber in ihrer Lethargie und Verunsicherung gab sie den Fremdvorschlägen nach.

Ein Mensch, der jahrzehntelang täglich von anderen gebraucht worden ist und dabei seine persönliche Erfüllung gefunden hat, erholt sich jedoch nicht, indem er plötzlich einsam zu Hause sitzt und über sich selbst nachdenkt; von niemandem gebraucht und ohne Beschäftigung. Nach einem Jahr lustlosen und zurückgezogenen Dahinlebens starb die pensionierte Krankenschwester ohne schwerwiegenden physiologischen Befund. Ob sie länger gelebt hätte, wenn sie niemals Supervisions- und Therapiestunden erhalten hätte? Wer weiß?

Sinnfindung statt Selbstfindung

Supervision kann aber auch fruchtbar sein. Es gibt z. B. ein Frageschema, das – im Unterschied zu obiger Fallgeschichte – bei logotherapeutischen Supervisionsgesprächen Verwendung findet und bemerkenswerte Einsichten bei den Teilnehmern erbringt.

Da auch Leserinnen und Leser es bei sich selbst anwenden können, sei es im Folgenden kurz skizziert.

Als Erstes werden die Gruppenteilnehmer gebeten, sich vorzustellen, ihr Leben wäre um Punkt Mitternacht zu Ende. Daraufhin sollen sie sich in einer intensiven Rückschau überlegen, was sie für die herausragendsten Ereignisse ihres Lebens halten. Was sind jene „Gipfelerlebnisse", die sie keineswegs missen möchten? Was sind jene gefeierten Triumphe, auf die sie mit Stolz und Freude zurückblicken? Was sind jene Momente unbändiger Liebe, die sie bis heute durchglühen? All das ist zu erinnern, zu schlichten, zu sortieren.

Als Zweites werden die Gruppenteilnehmer gebeten, exakt auszuformulieren, worum es ihnen leidtäte, wenn sie (nach Mitternacht) keine Zeit mehr hätten, es zu erreichen, zu erfahren, zu verwirklichen. Worum (nicht „warum"!) wäre es schade, wenn ihre Lebensuhr schon so bald ablaufen würde?

Diese zweifache Imagination mag Wesentliches an Land spülen, das Wertvolle vom Wertlosen trennen und das Entscheidende gegenüber dem Unwichtigen herauskristallisieren. Angesichts der Vergänglichkeit unseres Lebens schrumpfen nämlich die nackten Bedürfnisse des Selbst auf ein Minimum zusammen, und was übrig bleibt, ist die zu bergende Lebensernte. Sie zeigt sich in der Antwort auf die erste Frage als „bereits geborgener Schatz", über den wir zutiefst froh sein dürfen. In der Antwort auf die zweite Frage aber zeigt sie sich als Zukunftsoption mit hoher Dringlichkeitsstufe. Dasjenige, worum uns unendlich leidtäte, wäre unsere restliche Lebensspanne zu kurz dafür, das sollten wir sofort in Angriff nehmen! Das duldet keinen Aufschub, kein bequemes Vor-uns-Herschieben in der falschen Sicherheit, wir können es schon „irgendwann" erledigen. Ein „Irgendwann" kippt schnell um ins „Nie". Wer die Gnade hat, Mitternacht zu überdauern, trägt auch die Verantwortung dafür, was er mit dem anbrechenden Tag macht. Das logotherapeutische Fragenschema lädt dazu ein, am Abend zu danken und am Morgen zu jubeln – über die verlängerte Chance, bewusst und achtsam zu leben.

Wie hätte doch die oben beschriebene Krankenschwester innig danken können für das viele gute eingefahrene „Korn“ in ihrer Lebensscheune! Für die reiche Frucht ihres arbeitsamen, selbstlosen Einsatzes über die Jahrzehnte! Wie hätte sie ferner ihrer einstigen Liebe zu ihrem Verlobten als eines Höhepunktes ihres Frauseins gedenken können! Und wäre nicht zu hoffen gewesen, dass ihr danach, auf die zweite Frage, auch noch etwas eingefallen wäre? Ein winziges Vorhaben für ihren Ruhestand? Ein zarter Wunsch, der noch seiner Erfüllung harrt? Hätte in dieser sanften Stimmung vielleicht der Mut bei ihr angeklopft, sich etwas Neues, Außergewöhnliches zu gönnen – bevor es „Mitternacht“ wird? Ich bin überzeugt, solche und ähnliche Gedanken hätten sich „wie Vögelchen auf ihre ausgestreckte Hand gesetzt“. *Das* ist Selbstfindung vom Feinsten – unbeabsichtigtes Nebenprodukt gelungener Sinnfindung.

Ein Experiment zur „Kritikfalle“

Wie viel von der Auswahl dessen abhängt, dem vorrangig Beachtung geschenkt wird, soll an einem kleinen Experiment aus der Verhaltenspsychologie demonstriert werden. Hier ein Ausschnitt aus dem diesbezüglichen Forschungsprotokoll:

> Es war 9 Uhr 20 vormittags in einer Klasse mit Anfängern. 48 Schüler, zwei Lehrer. Zwei Räume mit einer beweglichen Zwischenwand standen der Klasse zur Verfügung. Die Tische der Kinder waren in sechs Gruppen zu je acht Kindern aufgeteilt. Die Kinder hatten eine Aufgabe bekommen, die sie an ihrem Platz ausführen sollten, während die beiden jungen und begabten Lehrer einzelnen kleinen Gruppen das Lesen beibrachten.
>
> Die Beobachter betraten den Raum, setzten sich und notierten in den folgenden 20 Minuten in Abständen von je

10 Sekunden die Zahl der Kinder, die nicht an ihrem Platz waren. Die Beobachtungen wurden sechs Tage lang angestellt. Die Beobachter notierten auch, wie oft die Lehrer die Kinder baten, sich zu setzen oder zu ihren Plätzen zurückzukehren.

Während dieser ersten sechs Tage waren etwa alle 10 Sekunden drei Kinder von ihren Plätzen entfernt. Die Lehrer sagten in den 20 Minuten etwa sieben Mal „setzt euch".

Dann trat etwas Merkwürdiges ein. Die Lehrer wurden gebeten, öfters zu den Kindern „setzt euch" zu sagen. Während der nächsten zwölf Tage sagten die Lehrer in je 20 Minuten 27,5 Mal „setzt euch". Die Kinder standen öfters auf – im Durchschnitt standen alle 10 Sekunden je 4,5 Kinder. Wir machten noch einen Versuch. In den nächsten acht Tagen sagten die Lehrer in 20 Minuten wieder nur sieben Mal „setzt euch". Die Zahl der Kinder, die den Platz verließen, ging auf einen Durchschnitt von je drei Kindern je 10 Sekunden zurück. Dann baten wir die Lehrer noch einmal, öfters zu den Kindern „setzt euch" zu sagen (28 Mal in 20 Minuten). Die Kinder standen wieder öfters auf. Vier Mal alle 10 Sekunden.

Zum Schluss baten wir die Lehrer, es überhaupt zu unterlassen, „setzt euch" zu sagen, und stattdessen das Arbeiten und das Sitzenbleiben zu loben. Sie machten das gut, und weniger als zwei Kinder standen je 10 Sekunden – die niedrigste Zahl, die je beobachtet worden war.[8]

Was in diesem Experiment nachgewiesen worden ist, ist die sogenannte „Kritikfalle", nämlich die Tatsache, dass verstärkte Kritik meistens erst recht jenes Verhalten hervorruft, das kritisiert wird. Weil dann aber das kritisierte Störverhalten verstärkt auftritt, wird es zunehmend kritisiert, und diese Kritik verstärkt es wiederum, woraus logischerweise kein Entkommen ist, es sei denn, man reduziert die Kritik *trotz* häufigem Störverhalten und lenkt die Aufmerksamkeit auf das Positive – was außerhalb eines Experimentes in der Wirklichkeit des Lebens gar nicht leicht ist. Erschwerend kommt hinzu, dass Kritik gelegentlich einen kurzfristigen

Erfolg zeitigt, der über den grundsätzlichen Fallenmechanismus hinwegtäuscht. So bewirkt das „setzt euch" der Lehrer im genannten Schulalltag tatsächlich ein momentanes Hinsetzen der Kinder, wenn sie auch später umso häufiger aufstehen. Und jenes momentane Hinsetzen kann die Illusion erzeugen, dass die Kritik richtig und angebracht war. Im Endeffekt aber bewirkt sie das Gegenteil, weil sie die Lehrer zwingt, das Negative zu beachten und nicht das Positive, und weil *stets dasjenige, was wir geistig beachten, Verstärkung erfährt.* Erfahren wir in einer Fortsetzung des Forschungsprotokolls, um wie viel sich das Negative verstärken kann, wenn man es fokussiert:

> In einem Versuch verwandelten wir eine „gute" Klasse für ein paar Wochen in eine „schlechte" Klasse. Wir veranlassten den Lehrer, die Kinder nicht mehr zu loben. Als der Lehrer die Kinder nicht mehr lobte, nahm das unerwünschte Störverhalten von 8,7 % bis zu 25,5 % zu. Der Lehrer rügte das Störverhalten und unterließ es, das Verhalten derjenigen Kinder zu loben, die sich mit ihrer Arbeit befassten.
>
> Als wir den Lehrer baten, die Kinder anstatt fünf Mal in 20 Minuten 16 Mal in 20 Minuten zu rügen, war das Störverhalten sogar noch stärker. Es nahm bis zu einem Durchschnitt von 31,2 % zu und lag an manchen Tagen bei über 50 %. *Das Störverhalten nahm durch die Aufmerksamkeit, die man diesem Verhalten schenkte, noch zu.* Als die Kinder wieder gelobt wurden, kehrte auch ihre Arbeitswilligkeit zurück.

Der Versuch zeigt, dass man unerwünschtes Störverhalten bei Kindern innerhalb weniger Wochen von 8,7 % bis auf die erschreckende Höhe von über 50 % hinaufschrauben kann, und zwar lediglich durch die Aufmerksamkeit, die man dem negativen Verhalten schenkt!

Darüber sollte nicht nur jeder Lehrer, sondern auch jeder, der in kollegialen, partnerschaftlichen oder familiären Bindungen lebt, eine Weile nachdenken!

Die Erweiterung zur „Selbstkritikfalle“

Wenden wir uns jetzt einer erweiterten „Kritikfalle“ zu, die bei seelisch angeschlagenen Erwachsenen nicht selten zuschnappt. Sie wurde von Frankl untersucht und besteht aus der Dreierkombination: Egozentrierung, Negativierung und Hyperreflexion. Was ist damit gemeint?

Egozentrierung ist nicht dasselbe wie Egoismus, obwohl Parallelen bestehen. Dennoch muss Egozentrierung nicht bedeuten, dass ein persönlicher Vorteil – auf Kosten anderer Personen – angestrebt wird. Es bedeutet einfach das „Bloß-sich-selber-Sehen“, wohingegen der Rest der Welt ringsum verblasst. Es ist die schon mehrfach erwähnte Überbeachtung des eigenen Ichs, die Überbeschäftigung mit sich selbst, die das mitmenschliche Du in seiner Vielfalt überschattet.

Negativierung ist auch nicht dasselbe wie Pessimismus, obwohl wiederum Parallelen erkennbar sind. Aber während eine pessimistische Einstellung auf die Zukunft abzielt, die in dräuender Düsternis erwartet wird, dämpft die Negativierung die Farbenpracht aller Bilder und Zeiten: Sie rückt stets das Negative ins Blickfeld; das Negative der Vergangenheit genauso wie das Negative der Gegenwart. Dadurch verzerrt sich die Perspektive der subjektiven Weltsicht. Das Schlechte, Böse, Traurige erhält überdimensionale Proportionen, während Gutes, Erfreuliches und Schönes kaum mehr aufscheint.

Hyperreflexion schließlich bedeutet ein schädliches und fast zwanghaftes Kreisen der Gedanken um ein und dieselbe Sache; eine Fixierung auf etwas, das einen nicht mehr loslässt und zunehmend gefangen nimmt. Das kann ein ständiges Grübeln über einen Tatbestand, der doch nicht änderbar ist, oder ein verzweifeltes Anklammern an eine trügerische Hoffnung sein. Auf jeden Fall ist es die Überbewertung eines einzelnen Lebensfaktums, das allein wichtig erscheint, wohingegen alles andere automatisch in den Hintergrund tritt.

Der gemeinsame Nenner der drei Phänomene ist leicht zu erkennen: Sie schränken jedes auf seine Art die geistige Wahrnehmung eines Menschen ein und zentrieren ihn entweder auf sich selbst (Egozentrierung) oder auf alles Negative (Negativierung) oder auf ein einzelnes Detail seines Lebens, das fast ausschließlich seine Aufmerksamkeit erzwingt (Hyperreflexion). In Dreierkombination: Der Betreffende gerät in eine notorische Unzufriedenheit mit einer bestimmten unerfreulichen Angelegenheit seines Lebens, um die sich all sein Sinnen und Trachten dreht wie eine in der Rille einer alten Schallplatte stecken gebliebene Nadel, die ein paar Missakkorde endlos wiederholt.

Ich hatte einst einen Patienten, dessen Hauptproblem in seiner schlechten Zeiteinteilung bestand. Statt spontan aus Einsicht oder Vergnügen heraus dasjenige zu erledigen, was dem Augenblick entsprach, dachte er immer erst lange darüber nach, was er eigentlich zu tun habe bzw. längst hätte tun sollen. Dies führte dazu, dass er sich kaum entscheiden konnte, irgendetwas zu tun. Er verbrachte die meiste Zeit mit nutzlosen Grübeleien, und wenn er dann später feststellte, dass er wieder einmal nichts vorangebracht hatte, verfiel er in heftige Selbstvorwürfe, die ihn nochmals Zeit und Kraft kosteten und vom aktiven Tun abhielten. Zwischendurch hatte er „lichte Momente", in denen er beschloss, sich zusammenzureißen und endlich Ordnung in das Chaos seiner Angelegenheiten zu bringen, aber sie erbrachten nur kurzfristige Erfolge ähnlich dem vorläufigen Hinsetzen der Kinder nach der wiederholten Aufforderung der Lehrer im genannten Experiment. Langfristig reagierte der Patient stets aufs Neue mit passiver Unentschlossenheit, weil er sich durch seine permanente Selbstkritik als „zeiteinteilungsunfähig" einstufte und seine Bemühungen von vornherein für aussichtslos hielt. Die Kritik an sich selbst schwächte seinen Widerstand gegen die kritisierte Schwäche.

Im Leben dieses Mannes gab es jedoch neben seinem Problem auch gesunde und intakte Bereiche, aus denen er Hoffnung schöpfen konnte. Nämlich einen Beruf, den er mochte und bei dem ihn seine Labilität nicht behinderte, weil ihm ein exaktes Arbeitspensum vorgeschrieben war, und eine Frau, die ihn großzügig unterstützte. Virulent wurde sein Problem daher erst, als er eines Tages keinen Halt in den intakten Lebensbereichen mehr fand, weil sie beide zufällig eine Zeit lang ausfielen. Er war auf Urlaub in einem Kurort, und seine Frau wurde wegen einer Familiensache nach Hause gerufen. Er hatte also nichts vor und blieb allein mit seiner Unfähigkeit, die freie Zeit zu strukturieren. Nach einigen Tagen stand er morgens nicht mehr auf, nahm weder den einladenden Sonnenschein vor dem Fenster noch die diversen Kurangebote des Ortes wahr, und konnte an nichts anderes mehr denken als an seine Unentschlossenheit in Bezug auf irgendwelche ihm abverlangten Initiativen. Seine Verzweiflung steigerte sich derart, dass ihn der zuständige Kurarzt an mich überwies.

Der Schlüssel, der die „Falle" aufsperrt

Zum Aufsperren der geschilderten „Falle" hält die Logotherapie einen „Spezialschlüssel" namens *Dereflexion* parat.

Um den Wirkmechanismus der Dereflexion darzustellen, will ich noch einmal auf das verhaltenspsychologische Experiment in der Schülerklasse zurückblenden. Wir haben dem Ergebnis entnommen, dass Lob günstiger als Strafe ist – eine alte pädagogische Weisheit und zugleich eine der fundamentalen Aussagen des Behaviorismus. Die Logotherapie geht in ihrem theoretischen Konzept noch einen Schritt weiter und fragt nach den urtümlichen menschlichen Motiven: nach dem „Willen zum Sinn". Wann erscheint es einem Lehrer sinnvoll zu rügen, zu strafen? Wohl dann, wenn er negatives Schülerverhalten *bemerkt*. Und wann erscheint es einem Lehrer sinnvoll, zu loben und anzuerkennen? Wohl dann, wenn er positives Schülerverhalten *bemerkt*. Sollten sich also Schüler abwechselnd erwünscht und unerwünscht verhalten, wie es der Realität entspricht, wird die Neigung des Lehrers, zu loben oder zu strafen, wesentlich von seiner Neigung, das Befriedigende oder das Störende wahrzunehmen, abhängen. Dasjenige, dem er vorrangig seine Beachtung schenkt, wird seine Reaktion auslösen. Oder anders formuliert: Die Auswahl, die er angesichts der

Gesamteindrücke in der Schulklasse trifft, entscheidet über die Auswahl, die er bei seinen eigenen Verhaltensweisen trifft. Ein Lehrer, der vornehmlich das gute Verhalten bei seinen Schülern beachtet und das schlechte übergeht, wird naturgemäß mehr *Grund* zum Loben vorfinden als ein Lehrer, der vornehmlich das schlechte Verhalten seiner Schüler im Auge (und in der Seele) behält.

Demnach ist unsere geistige Wahrnehmung eine „Sonde für Gut und Bös", die darüber entscheidet, was von beidem schlussendlich bei uns ankommt, ja, Impulse welcher Qualität unser innerstes Denken, Fühlen und Begreifen erreichen und unser Handeln stimulieren – und welche am Weg dorthin aussortiert werden. Wer mit „geistigen Augen" vermehrt das Erfreuliche „sieht", hat Grund zur Heiterkeit; wer nur das Bedauernswerte „sieht", hat Grund zur Trauer.

Am Ende der Experimentbeschreibung steht der lehrreiche Satz: „Als die Kinder wieder gelobt wurden, kehrte auch ihre Arbeitswilligkeit zurück." Ein solches Wieder-Loben ist im Experiment nicht schwer; man straft oder lobt gewissermaßen auf Befehl des Experimentators. Wie aber schaut dies in der Wirklichkeit aus? Angenommen, eine Schulklasse ist tatsächlich „verdorben" und die Kinder zeigen ein durchschnittliches Störverhalten von 31,2 %, das an manchen Tagen bei über 50 % liegt. Wie soll da ein Lehrer die Kinder „wieder loben"? Über eine unfolgsame, unruhige Kinderschar, die andauernd von ihren Plätzen aufspringt, ist kein Lehrer glücklich. Wahrscheinlich ärgert er sich sogar gewaltig, und da soll er plötzlich loben? Genauso ergeht es den in der „Selbstkritikfalle" gefangenen Personen. Sie haben massive Probleme mit sich selbst und sollen trotzdem aus ihrer Egozentrierung und Negativierung aussteigen und sich gedanklich mit *etwas völlig anderem* beschäftigen, sozusagen mit allem, bloß nicht mit dem Negativen, das sie selbst betrifft – können sie das überhaupt?

Nun, sie können es. Lehrer können auch schlimme Kinder loben ... da, wo sie es verdienen; Egozentriker können auch ihre Nachbarn liebevoll erspüren, Pessimisten können auch Zuversicht entwickeln … allerdings muss die geistige Wahrnehmung umkorrigiert werden. Die „Sonde für Gut und Bös" muss von Bös auf Gut umschwenken, muss das Negative links liegen lassen und das Positive akzentuieren. Sie muss der bisherigen Einseitigkeit eine konsequent angestrebte gegenpolige Einseitigkeit entgegenstellen, die den gesunden Ausgleich schafft: Dereflexion!

Deshalb brauchte mein unentschlossener Patient eine Aufgabe, der er sich – ungeachtet seines Zeiteinteilungsproblems – in der Freizeit voll widmen konnte. Eine Aufgabe, die seine Gedanken durchdringen und sein Herz öffnen würde, die ihn morgens aus dem Bett springen lassen würde in der Vorfreude, sich auf sie zu stürzen. Und auch ein Lehrer, der seinen ABC-Schützen das Lesen beibringen soll, braucht eine Aufgabe, die hinter und über dem Alltäglichen steht, ein Werk, an dessen Gedeihen er seine Kräfte messen kann – und sind die Schüler unruhig, dann erst recht. Eine zutiefst sinnvolle, geradezu „atemberaubende" Aufgabe vereinigt alle Kriterien in sich, die der Egozentrierung, Negativierung und Hyperreflexion entgegenwirken. Sie führt über das Ich hinaus, weil sie stets einen Teil der Außenwelt mit einbezieht, der gestaltet werden soll; sie wird als positiv erlebt, denn wäre dem nicht so, wäre sie auch nicht sinnvoll; und sie erfordert die volle Konzentration desjenigen, der sich mit ihr befasst, was jegliche Hyperreflexion eines kleinen Randproblems verunmöglicht. Im dereflektorischen Heilungsprozess ist daher nichts anderes nötig, als eine sinnvolle Aufgabe zu entdecken und sich ihr mit intensiver Hingabe zu widmen – sogleich schnappt das Schloss der „Selbstkritikfalle" auf und gibt die kummerbeladene Seele wieder frei.

Wo ein Wille zum Sinn ist, ist ein Weg

Was in einem konkreten Fall als sinnvolle Aufgabe infrage kommt, hängt von den vorliegenden Umständen ab. Ein Lehrer könnte sich z. B. zum Ziel setzen, bei den ihm anvertrauten Kindern die besten Eignungs- und Begabungsschwerpunkte zu eruieren und zu fördern. Das würde bedeuten, dass er zusätzlich zum Lehrplanstoff, den er zu vermitteln hat, Anregungen in den Unterricht einstreut, die zu den Begabungen seiner Schüler passen, etwa im musischen, sozialen oder sportlichen Bereich. Dank solcher Anregungen, die das Gewicht auf die positiven Anlagen der Kinder legen, würde nicht nur der Lehrer die Unruhe der Klasse weniger hyperreflektieren, sondern es würde auch die Klasse an Ruhe gewinnen, weil die kleinen Zusatzangebote zum Lernstoff das Interesse der Kinder wecken.

Ähnlich hat mein oben genannter Patient gelernt, das Problem mit seiner Zeiteinteilung zu „vergessen", als ich ihn ermutigte, ein lang erwünschtes Hobby von ihm in Angriff zu nehmen, das er von Jahr zu Jahr auf das nächste Jahr vertagt hatte. Es war bereits sein Bubentraum gewesen, ferngesteuerte Flugzeuge zu basteln und in weiten Bögen über sich kreisen zu lassen. Da seither die technischen Möglichkeiten auf diesem Gebiet geradezu explodiert waren, war es höchste Zeit, an die Realisierung seines Traumes zu schreiten. Statt Beruhigungstabletten gab ich ihm den Auftrag, ein Fachgeschäft aufzusuchen und sich eingehend über die elektronische Ausstattung von Modellflugzeugen zu informieren. Bis zum nächsten Tag sollte er einen ungefähren Kostenplan für eine Erstausrüstung austüfteln. Tags darauf legte er mir den Plan telefonisch vor und erhielt die Anweisung, die Grundbauteile zu besorgen und sich – ohne sich um die Tageseinteilung zu kümmern – unverzüglich an die Arbeit zu machen. Nach einer Woche berichtete seine Frau, mit der ich ebenfalls Kontakt hatte, dass sie ihren Mann noch nie so „zeitlos vertieft" erlebt habe wie bei ihrer Rückkehr in den Kurort. Das Flugzeug wurde zusammengesetzt, und wenn es auch beim Jungfernstart ramponiert in einem Acker landete, erfüllte es doch seinen Sinn, nämlich die „Selbstkritikfalle" des Erbauers aufzusperren, glänzend.

Als ich mich Monate später wieder mit dem Mann unterhielt, der inzwischen an seinen Arbeitsplatz zurückgekehrt war, verriet er mir, dass ihn zwar manchmal noch der Gedanke beschleiche, er könne mit seiner Freizeit nichts Rechtes anfangen, aber dann gehe er zu seinem mittlerweile vierten Flugzeug und streichle es sanft an den Flügeln. Dabei durchströme ihn ein kindliches Glücksgefühl: dass er nämlich durchaus etwas Sinnvolles in seiner Freizeit schaffen könne und gar nicht der unfähige Versager sei, der er lange geglaubt hatte zu sein. Ferner würden ihm bereits fortführende Gedanken durch den Kopf spuken. Ob er es auch erlernen könne, eine Minidrohne zu erbauen? Nun, warum nicht?

Das Schicksal ist weniger mächtig, als wir glauben, wann immer es uns gelingt, zu schmerzlichen Tatbeständen ein positives dereflektorisches Gegengewicht zu setzen. Innere Negativa, wie z. B. die Schwäche der Wankelmütigkeit, oder äußere Negativa, wie z. B. eine Schar unfolgsamer Kinder, können durch Positiva aufgewogen werden, die wir mithilfe unserer geistigen Wahrnehmung „auskundschaften" und mithilfe unserer geistigen Energien verwirklichen. „Wo ein Wille, da ist auch ein Weg", sagt ein altes Sprichwort – logotherapeutisch könnte man ergänzen: „Wo ein Wille zum Sinn, da ist auch ein Weg zu einem sinnerfüllten Leben." Es gibt kaum etwas, woraus unsere „Sonde für Gut und Bös" nicht doch irgendein Gutes herausfiltern könnte, und sobald sich ein solches zeigt, können wir innehalten im Kritisieren, Lamentieren, Hyperreflektieren, und uns den Aufgaben des Lebens zuwenden, die uns die echte Freiheit jenseits von Schicksal und Zufall erschließen: die Freiheit des Geistes.

Vergleich des Lebens mit einem Mosaikbild

Eine schöne Metapher vergleicht das menschliche Leben mit einem Mosaikbild, das sich aus unzähligen Steinchen verschiedenster Farbschattierungen zusammensetzt. Es gibt viele Nuancen darunter, strahlend helle, kristallfarbene Steinchen, die die Lichtpunkte unseres Lebens symbolisieren, aber auch schaurig finstere, nachtschwarze, die Pech und Leid bedeuten. Am Ende unseres Lebens fügt sich das Mosaik zu einem ganzheitlichen Muster bestimmter Formen und Farben zusammen, das unsere unverwechselbare Existenz widerspiegelt in der Einzigartigkeit seiner Gestalt. Das Bild eines jeden Menschen ist anders und auf seine Weise unwiederholbar.

Manche Steine, helle wie dunkle, werden sozusagen vom Schicksal „ins Mosaik geworfen" und bleiben auf klebrigem Untergrund haften, ohne dass wir sie verrücken können. Es sind die Bedingungen, die sich unserem Zugriff entziehen: unser Erbgut, das sich niemand aussuchen kann, das Elternhaus, das Zeitalter und die Kultur, in die wir hineingeboren werden, etc. Mitunter wird einem ein dunkler Stein direkt „vor die Füße geknallt"; es geschieht etwas Furchtbares, Unfassliches, und man kann sich nicht dagegen wehren. Analog fallen lichte Steine ins Bild, gnadenreiche Zufälle, die ohne unser Zutun geschehen, obgleich wir sie natürlich gerne geschehen lassen.

Zwischen diesen schicksalhaften Steinen bleiben Plätze frei, kleinere und größere Zwischenräume, in denen sich noch kein Mosaikstein befindet. Plätze, die ausgefüllt werden können mit Entscheidungen und Beiträgen unserer persönlichen Wahl, die wir entschlossen treffen. Abseits vom Mosaik liegen nämlich ringsum lose Steinchen zu unserer freien Verfügung herum, helle, dunkle, bunte ..., die die zahlreichen Möglichkeiten symbolisieren, die uns in fast jeder Lage gegeben sind. Diese Steinchen können wir aus eigener Kraft und nach Gutdünken ins Bild setzen, um das endgültige Mosaik mitzuformen. Dabei kann Folgendes geschehen:

1. Jemand sieht nur das eigene halb fertige Mosaik mit seinen aufgeklebten Steinen und blickt nicht nach außen, wo freie Steine, sprich: Wert- und Sinnverwirklichungsmöglichkeiten ungenützt herumliegen. Er ist fixiert auf das Sosein seines Ichs, ohne ein Anders-werden-Können gedanklich durchzuspielen – die *Egozentrierung*.
2. Jemand sieht ausschließlich die schwarzen Steine, sowohl im Mosaik als auch außerhalb davon. Er ist „farbenblind" für die

hellen Schattierungen und setzt deshalb auch selber nur dunkle Steine in sein Lebensbild – die *Negativierung.*

3. Jemand hat einen einzigen schwarzen Stein vor Augen, auf den er wie gebannt starrt, ohne den Blick davon zu lösen. Je länger er ihn anstarrt, desto stärker fällt er der Verzweiflung anheim – die *Hyperreflexion.*

Wie hilft da die Logotherapie? Keine wissenschaftliche Erklärung bringt ihre typische Vorgangsweise so präzise zum Ausdruck wie die nachstehende metapherinterne Beschreibung:

Der logotherapeutische Berater führt die Hand eines Menschen behutsam über dessen Mosaikbild und tastet gemeinsam mit ihm ab, wo „Leerstellen" sind, wo es also Bereiche zwischen den festgeklebten Steinen gibt, die der freien Wahl des Betreffenden offen stehen. Das heißt, dass er zunächst die Freiräume eines Lebens aufspürt und zugleich die Verantwortung, diese mit adäquaten Inhalten zu füllen, ja, dass er unter Umständen einen Patienten erst vom (deterministischen) Fatalismus loseisen muss, ehe er ihn der seelischen Genesung zuführen kann. Während der Phase des „Abtastens" macht der Berater kontinuierlich auf die hell schimmernden Steine aufmerksam, die das Mosaik durchziehen, damit sie sich tief ins Bewusstsein des Patienten eingravieren und nicht übersehen werden.

Als nächsten Schritt nimmt der Berater den Patienten an der Hand und führt ihn abseits vom Mosaik in die verschiedenen Richtungen der Außenwelt hinaus, wo er ihn lehrt, nach vorhandenen Steinen Ausschau zu halten, die in dessen Mosaik passen könnten. Er begibt sich mit ihm gemeinsam auf die Suche nach verwirklichungswürdigen Möglichkeiten, die in der jeweiligen Situation des Betreffenden zwar verborgen, aber vorhanden sind. Auch dabei weist er vor allem auf die hellfarbigen Steine, z. B. auf ethische Varianten oder Frieden schaffende Gesten hin, die gelegentlich unter dem Schutt von Altlasten versteckt schwer sichbar sind.

Hat der Patient dann innere Freiräume erkannt, die er, ohne es bisher gewusst oder beherzigt zu haben, besitzt, und hat er äußere Inhalte gefunden, die geeignet wären, jene Freiräume ideal zu ergänzen, kurz, ist er auf dem Weg, sein Mosaikbild aktiv und gewissenstreu mitzugestalten, dann gehört es zur abrundenden Arbeit des logotherapeutischen Beraters, seinem Schützling noch eine letzte Perspektive mit ins Leben zu geben, ehe er ihn in die Selbstständigkeit entlässt. Es handelt sich um die Akzeptierung der unverrückbaren, dunklen Steine.

Um eine strahlend helle Figur in einem Bild zum Leuchten zu bringen (wie z. B. Anthonis van Dycks Gesichter in seinen Gemälden), *bedarf* es nämlich sogar manch dunklen Hintergrundes; kein weißer Stein kommt neben verwaschenen Grautönen zur Geltung. Genauso bedarf auch das Mosaik unseres Lebens der Kontraste, um wahrhaft reifen zu lassen, was in uns schlummert. Bedarf der Herausforderung durch das Schicksal, um das Potenzial unserer geistigen Kräfte zur Entfaltung anzustacheln. Die erstaunlichsten menschlichen Leistungen, die beeindruckendsten Heldentaten hätten zum überwiegenden Teil nicht stattgefunden, wären sie nicht einem unveränderbaren Leiden entwachsen; wobei mit Helden nicht Sieger historischer Schlachten gemeint sind, sondern der Gelähmte, der sein Leben vom Rollstuhl aus meistert, oder das alte Mütterchen, das mit einem milden Lächeln durch seine späten Tage humpelt. Dies sollen unsere Patienten wissen, wenn sie am Mosaik ihres Lebens weiterformen: dass sie nicht nur die Wahl haben, selber helle Steine ins Bild zu setzen, sondern dass sie auch die Chance haben, diese *just an die Kanten dunkler Schicksalssteine anzufügen*, um sie durch den entstehenden Kontrast zur vollen Wirkung zu bringen. Welch anderer Stein überstrahlt das ganze Mosaik so sehr wie ein weißer, der mitten in eine Menge von schwarzen gebettet worden ist?

Die Logotherapie orientiert sich an den hellen Augenblicken des Lebens und ahnt doch den Sinn der dunklen.

Das Aufwachen zum Menschsein

Ein Tier ist nicht fähig, sich selbst als tierisches Wesen einzustufen. Es kann sich nicht ausdrücken in der *Kunst.* Es kann sich nicht ableiten von einem *höheren Sein.* Es kann sich nicht *identifizieren* durch die Einordnung seiner eigenen Existenz in den Kosmos. In der Entwicklung eines heranwachsenden Kindes vollzieht sich dieser mehrfache „qualitative Sprung“ ins spezifisch Humane stets aufs Neue, und zwar durchaus nicht immer langsam und übergangslos, sondern oft tatsächlich in „Sprüngen“. Das beginnt damit, dass sich beim Kleinkind in das reine Kopieren und Imitieren von Handlungen eines Tages etwas Eigenständiges mischt. Es stellt eine Kombination her, die ihm in dieser Form nicht vorgegeben worden ist. Das kann beim Zusammenstecken von Bauklötzchen geschehen, im Sprachgebrauch von Worten, im turnerischen Bewegungsablauf; überall beginnt sich der schöpferische Geist zu regen.

Es obliegt dem Geschick der Eltern, solche „Sprünge“ zu fördern oder zu bremsen, je nachdem. Zu fördern, weil Selbstständigkeit, Ideenreichtum und Kreativität äußerst begrüßenswert sind, aber zu bremsen, wo ein gewisser Wildwuchs der Individualität dem Kind schaden könnte (etwa beim Gebrauch scharfer Werkzeuge oder bei der Missachtung allgemeiner Spielregeln des Zusammenlebens). Der schwierige Prozess der Reibung zwischen Anpassung und Eigenpersönlichkeit, zwischen der Übernahme von Althergebrachtem und der Erfindung von Fortschrittlichem hat mit dem ersten Schritt, der in der Kindheit ins Schöpferische hinein getan worden ist, begonnen und hört so schnell nicht wieder auf; ja, in manchem Leben kommt dieser Prozess nie zum Stillstand.

Beobachtet man die Heranreifung eines Kindes weiter, zeigt sich nach dem frühen Aufflackern eigenständiger Gestaltungen (der Grundlage für spätere künstlerische Entwürfe) alsbald das Heraufdämmern der Suche nach einer persönlichen Weltanschauung. Rund um die Zeit der Pubertät taucht die Frage nach letzten

Wahrheiten bis hin zur Gottesfrage auf. Die jungen Menschen, die bisher eher desinteressiert nachgeplappert haben, was ihnen vorgeredet worden ist, beginnen, jenes Vorgerede kritisch zu diskutieren. Nichts dünkt sie mehr unumstößlich, alles bisher Geglaubte wird radikal mit einem Fragezeichen versehen. Wieder verlangt es von den Erziehern großes Geschick, um die fragenden Jugendlichen zu tragfähigen Antworten zu geleiten, ohne ihnen eigene Überzeugungen überzustülpen. Wieder muss der schöpferische Drang des noch hin und her schwankenden Menschenkindes zugleich gefördert und gebremst werden, um Akzeleration nicht einzuschränken, aber Irrwege, etwa in Richtung abstruser Ideologien, abzustoppen. Der Glaube an das, „was die Welt in ihrem Innersten zusammenhält", ist das Produkt einer langwierigen Auseinandersetzung mit den verschiedensten Positionen; eine Auseinandersetzung, die, einmal gestartet, ebenfalls so schnell nicht wieder aufhören wird.

Wie also das Kleinkind die Materialien der Außenwelt entdeckt und im Ansichtigwerden auch schon die Chance wahrnimmt, mit diesen Materialien die Außenwelt nach eigenen Fantasien umzuformen, so entdeckt das ältere Kind die Transzendenz und nimmt ab dem Moment, da es sie mit geistigen Fühlern ertasten kann, die Chance wahr, sie nach eigenen Ideen umzudenken. Wenn zwei Personen mit denselben Utensilien eine Zeichnung anfertigen, wird niemals dasselbe Werk entstehen – und sollten zwei Personen ihren Glauben beschreiben, werden sie auch niemals dieselbe Beschreibung liefern.

Ist der Eintritt ins Erwachsenenalter schließlich annähernd vollzogen, geht es darum, die eigene Identität zu erwerben und zu festigen. Auf der stabilen Basis der Fähigkeit, schöpferisch wirken zu können, und in einer soliden weltanschaulichen Überzeugung wurzelnd ist genügend Raum vorhanden für die (noch vage) Erkenntnis, zu einem einmaligen und einzigartigen Beitrag zum „Sinn-Ganzen" gerufen zu sein. Nach der Sichtbar-Werdung der Außenwelt und nach der Denkbar-Werdung der Transzendenz kann dem Menschen die höchste Entwicklungsstufe seines Selbst gelingen im Heranwachsen zur *Selbsttranszendenz*, von der Frankl schrieb:

> „Was ich damit umschreiben will, ist die Tatsache, dass Menschsein allemal über sich selbst hinausweist auf etwas, das nicht wieder es selbst ist – auf etwas oder auf jemanden: auf einen Sinn, den zu erfüllen es gilt, oder auf anderes menschliches Sein, dem wir da liebend begegnen. Im Dienst an einer Sache oder in der Liebe zu einer Person erfüllt der Mensch sich selbst."[9]

Eine angemessene Identitätsfindung geschieht durch den Absprung in die Selbsttranszendenz. Identität setzt mehr als ein Bewusstsein des eigenen Daseins voraus. Es setzt ein Bewusstsein des Für-etwas-oder-jemanden-da-Seins voraus, und für ein solches Bewusstsein braucht es eine geistige Reife höheren Niveaus. Deshalb ist es auch ein bewährtes psychotherapeutisches Konzept, Personen, die sich in einer Identitätskrise befinden, schöpferische Möglichkeiten aufzuzeigen und mit ihnen existenzielle Fragen zu erörtern, um die Basis zu legen, auf der eine bejahungswürdige menschliche Identität gefunden werden kann: ein Ich, das sich nicht abschneidet von seinem Umfeld, das sich nicht verbarrikadiert in seiner eigenen Veranlagung, sondern das *sich dadurch identifiziert, dass es sich selbst transzendiert.*

Gedanken zur Identität und Berufswahl

Wir wissen, dass der Beginn der Identitätsfindung mit dem Erwachsenwerden verknüpft ist. Die Weichen für eine Berufsfindung werden allerdings meistens schon früher gestellt, wodurch die jungen Erwachsenen mit einer Vorauswahl an beruflichen Wegen konfrontiert sind, die ihren Aktivitätsradius ein wenig einengt. Vom pädagogischen Standpunkt aus ist diese frühe berufliche Weichenstellung nicht allzu schlecht, denn sie gewährt zunächst einmal einen festen Halt, die Grundlage einer ersten Identifizierungsmöglichkeit. Wer mit 20 Jahren eine Bäckerlehre abgeschlossen hat, kann sich mit dem Berufsbild eines Bäckers identifizieren, wenn er dies will und Freude an seiner Arbeit gewonnen hat, aber er muss es nicht. Er kann auch wechseln, wenn ihm mit der Zeit ein anderes Berufsziel vorschwebt, das er zutiefst anzustreben wünscht. Selten lassen sich Personen davon abhalten, die Verwirklichung eines beruflichen Traumziels zu erkämpfen, wenn es ihnen wichtig ist und ihren Talenten entspricht. Der Vorteil des ausgebildeten Bäckers ist, dass er bereits eine „Ansatzidentität" hat, die er nach Gutdünken verändern kann.

Demgegenüber haben es z. B. Zwanzigjährige schwerer, die ein Gymnasium abgeschlossen haben und denen „alles offen steht". Wenn sie sich relativ rasch für ein Sachgebiet entscheiden oder sich in einer Tätigkeit engagieren, also einen bestimmten Wissens- oder Arbeitspool zu ihrem persönlichen Anliegen machen, ist die Identitätskrise in statu nascendi gebannt. Anderenfalls kann es jedoch passieren, dass sie sich treiben lassen, an kurzfristig aufwallenden Begehrlichkeiten orientieren oder von fremden Vorbildern in Richtungen gelenkt werden, die nichts Gutes verheißen. Gekoppelt mit einer wohlhabenden Herkunftsfamilie, die keine finanziellen Schranken setzt, ist schon öfters einer von ihnen in einen desolaten Lebensstil abgerutscht, aus dem er sich nur schleppend wieder hochrappeln konnte. Obwohl längst über die Adoleszenz hinaus, entfaltet sich seine Fähigkeit zur Selbsttranszendenz nicht.

Selbstverständlich kann ein Studium oder eine längere Ausbildung durchaus zu glänzenden Ergebnissen der Selbstwerdung führen. Vorausgesetzt, es wird ein „Dasein für etwas oder für jemanden" damit etabliert. Ein zufriedener Arzt ist nicht einer, der in erster Linie daran denkt, ob ihm die Patienten genug Geld einbringen, ob er ihrer Beschwerden überdrüssig ist oder wie er sich eine angenehme Praxis einrichten kann. Nein, ein zufriedener Arzt ist einer, der Krankheit, Not und Todesbedrohung überwinden helfen möchte und in diesen Willen seine Kräfte investiert.

Ebenso ist ein zufriedener Bäcker nicht einer, der darüber reflektiert, ob es ihm behagt, frühmorgens aufzustehen, ob es ihn anstrengt, Brötchen zu fabrizieren usw., sondern einer, der mit Elan bei der Sache ist, sich bemüht, die Backwaren sorgfältig herzustellen, sich auf die Teigmischungen und den herrlichen Duft frisch gebackenen Brotes konzentriert – einer, der erstklassige Ware und treue Kunden sehen möchte. Es ist die Weise, wie er sich dem nähert, der er sein möchte.

Vieles im Leben lässt sich nicht erzwingen, es wird einem höchstens geschenkt, und so ist es auch mit einer geglückten beruflichen Identität. Sie lässt sich durch das komplizierte Verfahren der Berufswahl nicht „mit Garantie“ erzeugen, aber sie fällt einem geradezu „in den Schoß“, wenn man einen Platz im Leben gefunden hat, den man mit voller Kraft auszugestalten bereit ist.

Ähnlich ist es mit der Partnerwahl, die auch nur dann zum Gerüst der eigenen Identität beiträgt, wenn sie auf ein Du gerichtet ist, dem das Ich liebend begegnet. Und sogar die Lebensraumwahl trägt zur eigenen Identität bei, wenn sie in einer Form getroffen wird, die allen Beteiligten gerecht wird. Lernen wir daraus:

Der wirklich mündige Mensch ist initiativ und kreativ.
Der wirklich mündige Mensch hat einen Glaubensgrund.
Der wirklich mündige Mensch überschreitet sich selbst.

Sind Kinder keine Opfer wert?

Es ist paradox, dass in demselben Jahrhundert, in dem die aufblühende Wissenschaftslehre der Psychologie nachgewiesen – und teilweise sogar überbetont – hat, dass den Kindern während ihrer frühen, empfindsamen Jahre höchste pädagogische Aufmerksamkeit gezollt werden soll, um nachhaltigen Fehlentwicklungen vorzubeugen, dass in demselben Jahrhundert die Emanzipation des modernen Menschen (und speziell der Frauen) ihren Siegeszug angetreten hat mit der verblüffenden Folge, dass gegenwärtig bei uns ca. die Hälfte aller Ehen geschieden wird, die Mehrzahl der Mütter außer Haus arbeitet und de facto immer weniger Kinder das von der Psychologie so vehement propagierte „warme Nest“ in einer familiären Gemeinschaft erleben.

In diesem Zusammenhang hört man immer wieder Leute abfällig sagen, es sei unzumutbar oder gar lächerlich, *bloß wegen der Kinder* eine zerrüttete Ehe aufrechtzuerhalten. Aber – sind Kinder es nicht wert, ihretwillen Opfer zu bringen? Freilich wäre zu wünschen, dass Ehepaare mehr verbindet als das beiderseitige Interesse am Kind. Dennoch darf mit Fug und Recht behauptet werden, dass die gemeinsame Erziehungsverantwortung Argument genug ist, Eltern aneinanderzuschmieden in der Verpflichtung, das Beste aus ihrer Partnerschaft zu machen, das eben machbar ist. Die Logik, dass ein „broken home“ noch bekömmlicher sei als ein unaufhörlicher Krach zu Hause, klingt zwar bestechend, suggeriert jedoch, dass es keine Alternativen zum Streit gäbe als die Trennung der Eltern, was häufig nicht stimmt. Konstruktive Alternativen zum unaufhörlichen Krach zu Hause wären in den meisten Fällen die Aufstockung der Friedenswilligkeit, die Einübung in der Kunst der Kompromissfindung, die gegenseitige Achtung bei Disputen aller Art und dergleichen mehr.

Kinder halten im Allgemeinen viel aus, mehr, als sie den Thesen der Tiefenpsychologie nach „dürften". Sie überstehen es recht gut, die Mutter mit dem Vater zu teilen, ohne ödipale Komplexe zu entwickeln, und sie lernen – wenn auch gelegentlich mit Bauchweh und Zähneknirschen –, die Zuwendung ihrer Eltern mit ihren Geschwistern zu teilen, ohne sich in endlose Eifersuchtshysterien hineinzusteigern. Sie hören auf, in die Hose zu machen, ohne lebenslang anale Hirngespinste zu produzieren, und sie schlucken elterliche Strafmaßnahmen, ohne von derlei Repressalien geknickt zu werden. Selbst Verzichte auf Spielsachen, Mithilfe im Haushalt, Schulstress und Gerangel mit Gleichaltrigen hinterlassen weniger „Gemütskratzer", als man denkt, und stählen die kindliche Stärke, sich in Prüfungen zu bewähren.

Kinder halten viel aus, aber *sie brauchen Vater und Mutter*. Die Liebe und Beständigkeit ihrer Eltern ist ihr Rückgrat, und solange dieses ungebrochen ist, trotzen sie fast jedem Schicksalssturm. Wo aber Vater und Mutter sich grausam entzweien, beginnt das Leid der Kinder, und es ist ein schlimmeres Leid als Schmerz und Hunger.

Sie haben sich wieder zusammengerauft

Einmal wurde mir ein 16-jähriger Junge vorgestellt, der versucht hatte, sich zu erhängen, und mit knapper Not gerettet worden war. Dem Ereignis waren dramatische eheliche Auseinandersetzungen seiner Eltern vorausgegangen, im Zuge derer seine Mutter beschlossen hatte, die Familie zu verlassen. Der Junge mochte beide

Eltern und konnte den Auszug der Mutter von daheim nicht ertragen. Die behandelnden Ärzte des Krankenhauses, in das der Junge eingeliefert worden war, baten mich um eine familientherapeutische Intervention, um eine Wiederholung des Vorfalls zu verhindern. Die Eltern lehnten jedoch alles Gemeinsame ab, sogar gemeinsame Gespräche mit einem Therapeuten. So verhärtet waren die Fronten.

Im Einzelgespräch fand ich Zugang zu der Mutter des Jungen und riet ihr nachdrücklich, wenigstens noch ein paar Jahre in ihrer Familie zu verweilen und sich mit ihrem Mann wohngemeinschaftlich zu arrangieren. Sie möge in redlichem Bemühen um ein harmonisches häusliches Klima ausharren, bis ihr Sohn älter und psychisch stabiler sei als jetzt; dann könne sie ja ihren eigenen Weg einschlagen. Die Frau verstand meinen Appell an ihr Verantwortungsgefühl und richtete sich innerlich darauf ein, die nächsten drei Jahre bei ihrem Mann zu bleiben, ohne Provokationen, stattdessen mit ruhiger Höflichkeit, um danach, von ihrer Mutterpflicht entlastet, für eine Neuordnung ihres Lebens frei zu sein.

Vier Jahre später, als der junge Mann bereits volljährig war, rief mich diese Frau eines Tages wegen eines Berufseignungstests ihres Sohnes an. Da fragte ich sie, wie es denn nun mit ihrem Vorhaben der Trennung von ihrer Familie stünde. „Ach, wissen Sie“, antwortete sie, „mein Mann und ich haben uns wieder zusammengerauft und wollen auf unsere alten Tage auch nicht mehr auseinandergehen. Im Gegenteil, wir scheinen einander zunehmend zu brauchen, und das macht uns irgendwie dankbar für die Gegenwart des anderen ...“ Die Ehekrise war also überwunden worden, obwohl es am Höhepunkt der Krise nicht nach reellen Chancen dafür ausgesehen hatte. Hätte allerdings der Sohn mit seiner Verzweiflungstat kein drastisches Signal gesetzt, wäre die geplante Trennung der Eltern vollzogen worden, und wer weiß, ob sie es nicht später bereut hätten.

Man kann durchaus willentlich und bewusst – nämlich „verantwortungs“bewusst – eine Ehe *um der Kinder willen* aufrechterhalten, und dies ist nicht einmal die schlechteste Motivation. Beinhaltet sie doch ein Motiv jenseits von Gleichgültigkeit und Eigenliebe. Hass ist sehr oft eine Form von Liebe, wenn auch eine unglückliche und enttäuschte; dennoch eine, die sich rückverwandeln lässt, weil noch Gefühle für den anderen und Bezüge zum anderen vorhanden sind. *Der Gegenpol zur Liebe ist nicht der Hass, sondern die Gleichgültigkeit*, und Gleichgültigkeit wandelt sich schwerer als Hass. Doch selbst wenn zwei Partner einander ziemlich gleichgültig geworden sind, aber beide in der Fürsorge für ihre Kinder ein gemeinsames Fundament anerkennen, lohnt es sich für sie, die Lebensgemeinschaft (nicht zuletzt zum Zwecke der Wirtschaftlichkeit und Arbeitsteilung) aufrechtzuerhalten und sich und die Kinder vor den Strapazen und Konsequenzen eines Scheidungsverfahrens zu bewahren. Es erhält den Kindern zumindest ein Zuhause mit Mutter und Vater. Mag sein, dass die Eltern in diesem Fall kein optimales Vorbild zwischenmenschlicher Kommunikation liefern, aber sie sind noch da.

Wir Experten sind bescheiden geworden in einer Gesellschaft, in der das Band zwischen Liebe und Treue fadenscheinig geworden ist wie nie zuvor.

Laut einer Statistik der Erziehungsberatungsstellen Deutschlands vom Jahr 1983 lebten damals zwei Drittel der wegen seelischer Komplikationen angemeldeten Kinder nicht mit ihrem leiblichen Vater zusammen, und über die Hälfte hatte tagsüber keine Mutter. Man fragte sich, *wer* in Sachen Erziehung eigentlich beraten werden sollte ... Dass die Zahlen in unserem 21. Jahrhundert wesentlich familienfreundlicher ausfallen würden, würden sie neu erhoben, ist leider nicht gesagt.

Der moderne Mensch läuft
zu leicht „heiß“, ihm fehlt
zu sehr das Öl der Liebe.
(Christian Morgenstern)

Die Scheidung wurde aufgeschoben

Trennungen und Scheidungen von Eltern gehen auch nicht spurlos an den *Eltern* der Eltern vorüber. Dabei sind Großeltern zum überwiegenden Teil beachtliche Erziehungshelfer und Stützpfeiler in Kleinfamilien. Vielleicht sind ihre Empfehlungen und Meinungsäußerungen nicht immer gefragt oder werden gar als ungebetene Einmischungen empfunden, aber das Zeitkontingent, das sie in „Aushilfen" einbringen, ist im Regelfall voluminös. Und ein „Für-die-Kinder-Zeit-Haben" ist von allen guten Gaben, die man Kindern überreichen kann, nach wie vor die begehrteste und schönste Gabe. Bei sich trennenden Paaren jedoch kühlt das Verhältnis zu den gegenseitigen Schwiegereltern verständlicherweise ab, was nicht selten die Kinder zusätzlich ihrer Großeltern beraubt. Mehr noch: Es beraubt sie des Vertrauens in eine „geordnete und verlässliche Erwachsenenwelt". Unabgefedert trifft sie die Erkenntnis mit voller Wucht, dass Zuneigung abrupt in Ablehnung und Freundlichkeit in Feindseligkeit umschlagen kann, was ein Misstrauen in ihnen schürt, das noch lange währen wird.

Eine Mutter brachte einst ihren 5-jährigen Sohn mit der Bitte zu mir, ihn in eine Spieltherapie aufzunehmen. Sie hatte gelesen, eine Spieltherapie unterstütze die Persönlichkeitsentfaltung eines Kindes und helfe ihm über Entwicklungskrisen hinweg. Ich fragte, welche Entwicklungskrisen sie bei ihrem Sohn vermutete, weil dieser auf mich den Eindruck eines aufgeweckten Bürschchens machte. Da erzählte die Mutter, dass sie in Scheidung lebe und regelmäßig heftige Zerwürfnisse mit ihrem getrennt lebenden Ehemann habe, der den Jungen jedes zweite Wochenende zu sich hole und gegen sie, die Mutter, aufhetze. Die väterliche Großmutter schlage in dieselbe Kerbe und beschimpfe den Jungen als verzogenes „Muttersöhnchen". Die Frau gab zu, auch ihrerseits den Jungen vor dem Vater zu warnen und ihm alles Ärgerliche über diesen „bösen Mann" ungeschminkt mitzuteilen. Nach den Wochenenden beim Vater nässte das Kind nachts ein und zerstörte

Spielsachen im Kindergarten, weswegen sich die Kindergärtnerin besorgt über seinen Zustand geäußert hatte.

Familientragödien solcher Art gibt es unzählige. Die Kinder sind den Ungereimtheiten ihrer Eltern wehrlos ausgeliefert und inhalieren ein Vorbild von Zynismus und Unbeugsamkeit zwischen denjenigen Menschen, die ihnen nahestehen wie niemand sonst auf der Welt. Die Kinder sollen dann (welche Ironie!) therapeutisch behandelt werden, weil sich ihre leiblichen Erzeuger nicht mehr miteinander vertragen.

Ich legte der Mutter dar, dass ich es für unsinnig hielt, ihren Sohn einmal wöchentlich für eine bis zwei Stunden in Spieltherapie aufzunehmen, um sein Selbstvertrauen zu stärken, während zur selben Zeit etwa fünf- bis zehnmal wöchentlich sein Urvertrauen zum Leben untergraben werde durch massive gegenseitige Attacken und Abwertungen seiner engsten Bezugspersonen. Nicht das Kind, sondern sie und ihr Mann benötigten fachlichen Rat, weshalb ich sie bat, sich zu überwinden und gemeinsam mit ihrem Mann (ohne den Jungen) zum nächsten Gespräch zu kommen.

Als die beiden bei mir saßen, war es, als sei ein kalter Wind zur Türe hereingefegt, so eisig waren Blicke und Mimik der Eheleute. Sie verdeutlichten mir sogleich, dass ich an ihrer Scheidungsabsicht nicht rütteln möge. „Ich verstehe", sagte ich. „Sie haben gewiss Ihre Gründe. Sie sollen nur wissen, dass es in der ganzen Affäre einen Unschuldigen gibt, dem Sie beide Ihren eigenen Frust aufladen, und das ist Ihr Sohn. Sie hätten allerdings auch die Chance, ihren Frust über die gescheiterte Partnerschaft wesentlich zu mildern, wenn es Ihnen gelänge, dem Kind zuliebe vernünftig miteinander zu kooperieren – trotz des Scheidungsprozesses. Vernünftig kooperieren würde heißen, dass ab sofort keine gehässigen Worte vor dem Kind mehr fallen, und keine Vorwürfe oder Schuldzuweisungen ihren Umweg über die Ohren des Kindes mehr machen. Auch Verbündungen mit Großeltern zum Gegenangriff sind zu unterlassen. Für den Jungen sind Sie immer noch Vater und Mutter und bleiben es ein Leben lang; in seinem

Herzen werden Sie nicht so schnell geschieden wie auf dem Papier."

Die beiden versuchten, ihr Verhalten zu rechtfertigen, doch darauf ließ ich mich nicht ein. „Die Gesundheit Ihres Kindes", fasste ich zusammen, „ist es wert, dass Sie alle Anstrengungen unternehmen, um sie zu erhalten und zu fördern. Allein dieses Ziel sollte genügen, um Sie in Ihren Streitigkeiten einzubremsen und Sie auf Ihre Verantwortung als Eltern hinzuweisen. Dabei könnte Ihrem Scheidungsvorhaben sogar noch etwas Fruchtbares entspringen, nämlich die Einsicht, dass wahre Elternschaft höher steht als persönliche Turbulenzen, und über die eigenen Schwächen hinaus verpflichtet, ein würdiges Vorbild zu geben. Begraben Sie Ihre Kampfhandlungen, dem Kind zuliebe, und die ungestörte Entwicklung Ihres Sohnes wird Sie dafür belohnen!"

Einige Monate nach dieser Beratung erinnerte ich mich dieser Familie und rief unter der Telefonnummer der Mutter an, um mich zu erkundigen, wie es dem Kleinen gehe. Aber der Vater war am Telefon und bedankte sich für meine Nachfrage. „Ich wohne zurzeit wieder bei meiner Familie", erklärte er und fügte etwas humorvoll hinzu: „Da wir ja sowieso wegen des Jungen miteinander kooperieren sollen, dachten wir, wir könnten die Scheidung noch ein wenig aufschieben ..."

Gefühle weder ignorieren noch überbewerten

Für das Familienleben ist das veraltete psychologische Theorem von der „Triebhydraulik", wonach sich libidinöse und aggressive Triebgefühle im Menschen ansammeln und unbedingt entladen werden müssen, damit sie keinen explosiven Hochdruck erzeugen oder die Seele schädigend verdrängt werden, nicht aufrechtzuerhalten. Würde jedes Familienmitglied in erster Linie seine Triebe abreagieren und seine Eigenwünsche anmelden, um tunlichst keine Bedürfnisse aufzustauen, könnte das Buch der jahrtausendealten Familiengeschichte des Menschen zugeklappt werden, denn die Familie würde über kurz oder lang aussterben. In Wirklichkeit ist es anders. Wir lachen oder klagen und handeln, weil wir einen *Grund* für das eine oder andere haben, wie Frankl nachweisen konnte, und nicht, weil es uns ein angeschwollenes Triebpotenzial vorschreibt. Auf menschlichem Niveau ist der jeweils erfasste – gelegentlich auch erdichtete – Grund das Primäre, und nicht das Loswerden eines emotionalen Staus. Ein Beispiel dazu:

Angenommen, jemand glaubt, ihm sei ein bitteres Unrecht zugefügt worden. Wird ihm gestattet, eine Stunde lang nach Lust und Laune Steine durch die Gegend zu werfen, um sich abzureagieren, wird ihn dies kaum erleichtern, denn der *Grund* seiner Wut ist mit dem Steinepoltern nicht aus der Welt geschafft, und solange dieser Grund besteht, ist auch die Wut vorhanden. Gelingt es hingegen, den *Grund* der Wut zu entschärfen, indem dem Betreffenden aufgezeigt wird, dass das vermeintliche Unrecht ein Missverständnis, eine wichtige Lehre u. Ä. war, dann löst sich die Aggression von selbst auf, ohne dass ein Tobsuchtsanfall als Abreaktion vonnöten wäre.

Dasselbe gilt im Positiven: Auch Freude und Heiterkeit bedürfen eines *Grundes* zu ihrem Hervorquellen, und auch Familienglück ist daran gebunden, dass die familiäre Gemeinschaft als „erfreulich" bejaht wird. Diese Bejahung hatten die beiden getrennt lebenden Eltern des oben geschilderten Falles zurückgezogen. Trotzdem gab es für sie noch einen profunden *Grund*, ihren gegenseitigen Hass einzudämmen, nämlich die gefährdete Gesundheit ihres Kindes; und sowie es möglich war, ihnen diesen Sinngehalt vor Augen zu führen, ließ sich ihre Aggressivität regulieren. Nichts verbindet so sehr wie eine gemeinsame Aufgabe – eine Erkenntnis, die sich die Friedensforscher weltweit zunutze machen sollten!

Ich bin in Deutschland einem Amerikaner begegnet, der mir berichtete, er habe Jahre gebraucht, um sich nach dem Besuch psychotherapeutischer „encounter groups" in Kalifornien wieder zu normalisieren. In den Gruppen war ihm und den anderen Teilnehmern eingehämmert worden, jegliche Gefühlsregung auf der Stelle zu „verbalisieren", also auszusprechen, und jeden kleinsten Gedanken einer Abneigung oder Kritik den Mitmenschen sofort ins Gesicht zu sagen. Die Folge war, dass ihm jedermann aus dem Weg ging und er bald völlig isoliert dastand, ohne Familienanschluss und ohne Freunde. Er sei damals in eine schwere Depression versunken, und nur der Umzug nach Europa mit den vielen stimulierenden Eindrücken und Begegnungen habe ihn gerettet.

Heute kann von psychologischer Seite bestätigt werden, dass es weise ist, Gefühle weder zu ignorieren noch überzubewerten, und auch manch scharfe Bemerkung, die einem auf der Zunge liegt, unausgesprochen zu lassen. Aus dem Volksmund, der davon weiß, dass „Reden Silber und Schweigen Gold ist", hallt zweifellos eine alte Erfahrung. Die Familie jedenfalls verkraftet keine psychologischen Extrempositionen, sondern braucht überall den ausgewogenen Mittelweg. Sie braucht ihn in der Kindererziehung zwischen den autoritären und antiautoritären Polen, und sie braucht ihn im Erwachsenenverhalten zwischen Egoismus und Martyrium. Sie braucht eine Liebe zwischen Distanziertheit und Vereinnahmung, und eine Intimität zwischen Sexgier und Frigidität. Kurzum, sie braucht ein fugenloses Ineinandergreifen von Kognition und Emotion, gesteuert von Maß und Sinn.

Zwei unterschiedliche Familien

Im Folgenden möchte ich zwei Familien vorstellen, die ich im Laufe meiner Berufstätigkeit kennengelernt habe, und zwar eine funktionierende und eine nicht funktionierende Familie. Wir wollen herausarbeiten, worin sich die beiden Familien essenziell voneinander unterscheiden.

Zu Familie „A" zählen eine Oma, die Eltern und zwei Kinder. Familie „B" setzt sich nur aus den beiden Eltern und einem Kind zusammen. Familie „A" lebt in bescheidenen Verhältnissen, ohne deswegen Not zu leiden. Familie „B" gehört dem gehobenen Mittelstand an. Auf Familie „A" ist der Schatten eines Leides gefallen, denn eines der zwei Kinder hat bei einem Sportunfall durch einen Pfeilwurf ein Auge verloren. Die Mitglieder der Familie „B" sind gesund. Allein die bisher genannten Fakten plädieren dafür, dass Familie „B" die günstigeren Lebensbedingungen vorfindet: Wohlstand, Gesundheit und relativ viel Bewegungsfreiheit dank der geringen Mitgliederzahl. Bewirken diese günstigen Bedingungen ein angenehmes Familienklima?

Der Vater aus Familie „B" ist Manager in einem Kleinbetrieb, für dessen reibungslosen Geschäftsablauf er zuständig ist. Abends kommt er meist spät und abgespannt nach Hause und zieht sich in sein Arbeitszimmer zurück, wo er Fachzeitschriften studiert, um in der sich rasant verändernden Computerbranche am Laufenden zu bleiben. Gemeinsame Essen mit dem schnippischen Kind schätzt er nicht, weil er tagsüber viel reden und verhandeln muss und sich abends nach Ruhe sehnt. Am Wochenende ist er für seine Familie eher ansprechbar, erlebt aber häufig, dass das Interesse an seiner Ansprechbarkeit gering ist – Frau und Tochter haben ihre eigenen Pläne für den Sonntag. So besucht er einen Frühschoppen oder trifft sich mit Bekannten und verbringt mehrere Stunden des Wochenendes in Lokalen.

Die Mutter ist Kosmetikerin und sehr modebewusst. Sie legt großen Wert auf ihr Äußeres und zieht sich stets schick an. Daher stört es sie gewaltig, dass ihre Tochter mit ungepflegten Haaren und geflickten Jeans herumläuft. Es gibt andauernd Reibereien darüber. Kommt die Mutter gegen 17 Uhr nach Hause, ist die Tochter meistens „ausgeflogen", und nur das schmutzige Geschirr in der Küche und die unordentlich hingeworfenen Schulsachen verraten deren vorübergehende Anwesenheit. Auch das trägt nicht zu einem ungetrübten Mutter-Kind-Verhältnis bei. Während die Mutter dann aufräumt und das Essen zubereitet, grollt sie vor sich hin und entlädt ihren Groll über der Tochter, sobald diese heimkommt. Daraufhin begibt sich die Tochter samt ihrem Essen schnurstracks auf ihr Zimmer und sperrt sich ein. In Ermangelung eines Gesprächspartners lässt sich die Mutter vor dem Fernseher nieder und träumt, ihr Abendbrot kauend und in die Welt des Films entschwebend, von ihren Sehnsüchten.

Die Tochter ist ein Kind der modernen Zeit: frühreif, oppositionell und bestens aufgeklärt, was ihre Rechte und Vorteile betrifft. Sie absolviert die Realschule mit wechselndem, eher mäßigem Erfolg, trifft sich in ihrer Freizeit mit ihrer Clique, unternimmt Mopedfahrten, die gewöhnlich in Diskotheken enden, im Sommer auch in Freibädern oder Parks, wo Musik gehört, geraucht und geflirtet wird. Die Berufspläne des Mädchens sind unklar, die Beziehung zu den Eltern wird mit „Ach *die* ..." umschrieben, und seine Lebensphilosophie ist schnell auf den Punkt gebracht: „Hauptsache, heute geht's mir gut!"

Das ist Familie „B", die eigentlich gar keine familiäre Gemeinschaft mehr ist, weil jeder seines Weges geht. Wenden wir uns jetzt Familie „A" zu, die unter schwierigeren Bedingungen lebt: mit einer alten Oma, die kognitiv noch rüstig, aber körperlich nicht mehr ganz auf der Höhe ist, mit einem einäugigen Mädchen, das erhebliche Schulschwierigkeiten hat, mit einem kleinen Jungen, der durch seine Lebhaftigkeit viel Aufmerksamkeit erfordert, mit einem gerade noch ausreichend verdienenden Vater und einer ziemlich gestressten Mutter.

In dieser Familie haben sich bestimmte Gewohnheiten ausgebildet, die dazu da sind, einander zu entlasten. Die Oma hat zwei Pflichten übernommen. Vormittags hilft sie der Mutter in der Küche, indem sie ihr Tätigkeiten wie Gemüseputzen abnimmt, und am Nachmittag übt sie mit dem (auch legasthenisch) behinderten Mädchen Lesen und Schreiben. Das Mädchen hat ebenfalls eine Pflicht zu erfüllen: Es passt auf den jüngeren Bruder auf, wenn die Mutter stundenweise zum Putzen geht, um das Haushaltsbudget ein wenig aufzubessern.

Der Junge ist ein richtiger Springinsfeld, aber auch er hat eine Aufgabe übernommen, die er begeistert wahrnimmt. Er ist Vaters Begleiter in der Freizeit. Kaum lässt sich der Vater nach der Arbeit blicken, weicht ihm der Sohn nicht mehr von der Seite. Er kriecht mit ihm unter das Auto, wenn der Vater etwas repariert, was oft geschieht, weil der Wagen alt ist, und er schaut sich mit dem Vater jedes Fußballmatch im Fernsehen an. Er schichtet die Holzscheite, die der Vater im Keller zersägt, und ist fasziniert, wenn zur Abwechslung eines davon verwendet wird, um einen Spielzeugkopf herauszuschnitzen. Der Vater bemüht sich offensichtlich, seinen Teil zum Haushalt beizusteuern. Er kümmert sich um die Heizung und um die Reparaturen, von denen es in der Wohnung einer mehrköpfigen Familie ständig welche gibt. Er war es auch, der vor Jahren zugestimmt hat, die Oma in die Familie aufzunehmen, was für Letztere eine große Unterstützung bedeutet.

Die Mutter stellt das Zentrum der Familie dar. Sie sorgt für alle und bekommt von allen etwas zurück, sei es ein fröhliches Kinderlachen, sei es ein flüchtiger Kuss des Ehepartners mitten in der Arbeit. Familie „A" ist eine intakte und auf ihre bescheidene Art glückliche Gemeinschaft, trotz der Geldknappheit und trotz des Unfalls, den die Tochter erlitten hat.

Jedem Familienmitglied seine sinnvolle Funktion!

Aus den beiden skizzierten Familienkonstellationen soll nicht die Schlussfolgerung abgeleitet werden, dass leichte Lebensbedingungen Unheil bringen, und schwere Lebensbedingungen zu bevorzugen wären. Die Gegenüberstellung soll lediglich beweisen, dass Freud und Leid einer Familie nicht zwingend von deren äußeren Lebensbedingungen abhängen. Es existiert ein relevanterer Faktor, der hinsichtlich des Wohlbefindens und des Zusammenhalts einer familiären Gemeinschaft die ausschlaggebende Rolle spielt.

Familie „A" und Familie „B" unterscheiden sich bei näherer Betrachtung nicht nur durch die Güte ihrer Lebensumstände; sie unterschieden sich in den *Funktionen*, die die einzelnen Familienmitglieder innehaben. In Familie „B" üben weder der Vater noch die Mutter noch die Tochter eine erkennbare Funktion für einen anderen aus. Die Eltern verdienen zwar das Geld, und die Mutter räumt auch noch auf und kocht das Essen, aber diese – fraglos wichtigen – Beiträge werden nicht in persönliche Kontakte umgemünzt, sondern einfach zur Bedürfnisbefriedigung der Familie bereitgestellt, und jeder nimmt sich davon, was er will, und geht. In Familie „A“ hat hingegen jedes Familienmitglied seine klar definierte sinnvolle Aufgabe. Von der Oma angefangen bis zum kleinen Jungen steht jeder auf seinem Platz, der ihn sozusagen unentbehrlich macht für andere Familienmitglieder, oder wo er zumindest eine große Lücke hinterließe, wäre er plötzlich nicht mehr da. Wie dem einäugigen Mädchen die Übungsstunden mit der Oma fehlen würden, so würde dem Vater das aufgeregte Geplapper seines kleinen Begleiters fehlen; und wie der Mutter die Aufpasserdienste ihrer Tochter fehlen würden, so würden insgesamt der Familie Vater oder Mutter schmerzlich fehlen, und das nicht nur wegen des Ausfalls von Einkommen und Arbeitskraft.

Selbstverständlich werden sich die auszuübenden Funktionen im Laufe der Zeit und mit zunehmender Reifung der Kinder quantitativ und qualitativ verändern. Dennoch gibt es keine Familienkonstellation, in der eine sinnvolle Abstimmung des gegenseitigen Füreinander-Daseins überflüssig wäre. *Nur eine Familie, in der jedes Familienmitglied* – das Baby wie der Greis! – *eine sinnvolle Funktion innehat,* ist eine gesunde Familie. Mit dem Ausüben einer sinnvollen Funktion ist jedoch nicht nur das Geben gemeint, auch das Nehmen ist miteinbezogen. Denn um einen Platz auszufüllen, an dem man bis zu einem gewissen Grad unersetzlich ist, bedarf es beim Gegenüber der Tatsache des Gebrauchtwerdens. Hätte zum Beispiel die Oma in Familie „A“ eine eigene Wohnung, wäre das Mädchen schulisch topfit, und besäße die Mutter genügend Geld, um sich eine Kinderfrau leisten zu können, fielen einige der sinnvollen Funktionen innerhalb der Familie weg, weil weniger Unterstützung gebraucht würde. Es könnten stattdessen auf freiwilliger Basis andere sinnvolle Funktionen aufgenommen werden, aber es könnte auch geschehen, dass sich die Familienstruktur der von Familie „B“ annähern würde.

Es ist mindestens gleich schwierig, sich auf das Wagnis einzulassen, jemand anderen zu brauchen, wie es schwierig ist, eine Aufgabe zu erfüllen, für die man selber gebraucht wird. Dennoch ergibt nur beides zusammen jenes Wechselspiel von Geben und Nehmen, das eine gut funktionierende Gemeinschaft charakterisiert. Das impliziert nicht, dass man unselbstständig bleiben soll, damit andere einem helfen dürfen. Es bedeutet vielmehr, dass jeder dort, wo er eine Schwäche hat oder irgendwie gehandikapt ist, ein Auffangen und Ausgleichen dieser Schwäche in der Familie dankbar annehmen darf, um andererseits dort, wo er selbst Stärken und Talente besitzt, seinen Dank zurückzuerstatten. Gerade kleine Kinder und behinderte Menschen können dies ausgezeichnet: Sie nehmen die dargebotene Hand ohne Probleme an und locken gleichzeitig durch ihr unverbildetes Wesen ein ungeheures Maß an Liebe, Fürsorglichkeit und „Sonnigkeit" bei ihren Betreuern hervor.

Im Orchester kommt es auf jede Stimme an

Die Familie kann mit einem Orchester verglichen werden, in dem es auf jeden einzelnen Musiker ankommt und jeder seine unentbehrliche individuelle Stimme zum Gesamtklang beisteuert, trotzdem aber keiner spielen darf, was er will. Um eine harmonische Melodie zu produzieren, bedarf es eben der gegenseitigen Abstimmung der Funktionen. Sollte ein Musiker eine zu geringe Funktion übernehmen, also im Klanggemisch ausfallen, oder sollte er eine zu intensive Funktion erzwingen, also sein Instrument in den Vordergrund drängen, dann leidet die gesamte Harmonie darunter. Wir haben in Familie „B" eine Familie kennengelernt, deren drei Mitglieder zu geringe familiäre Funktionen ausüben; sie leben in übertriebener Unabhängigkeit nebeneinanderher. Im Unterschied dazu gibt es Familien, in denen das eine oder andere Mitglied eine zu dominante Funktion an sich reißt, indem es alles arrangieren, bestimmen und überwachen will. Es arbeitet sich vielleicht selbst dabei auf, ohne Dank zu ernten, weil es die Funktionsfähigkeit des übrigen Familienteils einengt und dessen Abhängigkeit aufbaut. Auch das ist nicht harmonisch.

Wie sinnvoll oder nicht sinnvoll eine familiäre Funktion ist, kann am besten daran abgelesen werden, wie fröhlich die übrigen Familienmitglieder sind, wie gut sich die Kinder entwickeln, und wie ausgeglichen man sich selber dabei fühlt. Treffen diese drei Kriterien in positiver Weise zu, fällt es einem nicht schwer, die notwendigen Aufgaben zu erfüllen, auch dann nicht, wenn persönliche Wünsche zurückstehen müssen. Auf geistiger Ebene ist es sogar besser, wenn einige unserer Wünsche *offen* bleiben, damit anzustrebende Ziele, Hoffnungen und Visionen existieren, auf die hin unser Leben ausgerichtet werden kann. Wiederum kann das Familienleben der „Waagebalken" sein – zwischen emotionalem Hunger und emotionaler Übersättigung. Bei der geschilderten Familie „A" lässt sich dies deutlich beobachten. Kein Familienmitglied ist ohne Wünsche, aber keines leidet an seinen Entbehrungen, und in der Gesamtheit ist es der Gleichklang aller, der die Ausgeglichenheit des Einzelnen trägt.

Zuletzt ein klärendes Wort, warum mich die beiden Familien aufgesucht haben. Familie „B" kam wegen einer angepeilten Internatsunterbringung der Tochter, gegen die sich das Mädchen sträubte. Ich sollte es dazu überreden, was ich nicht tat. Ich versuchte, die Eltern zu mehr Kooperation in der Familie zu überreden, was nicht gelang.

Bei Familie „A" war ebenfalls das Mädchen der Vorstellungsgrund. Ich sollte seine legasthenische Teilleistungsstörung untersuchen und ein entsprechendes Förderprogramm erstellen. Das machte ich gerne und leitete die Oma in den passenden Übungsmaterialien an. Das Mädchen wurde zwar keine Superschülerin, aber Lesen und Rechtschreiben hat es gelernt. Überdies ist es der Familie geglückt, aus der Behinderung des Kindes weder quälende Schuldgefühle noch unnatürliche Verhätschelungen, Überbesorgtheit oder gar Zukunftsängste resultieren zu lassen, sondern sie zu akzeptieren als eine Gegebenheit des Schicksals, die man nicht ändern kann, vor der man aber auch nicht zu kapitulieren braucht.

Greifen wir zuletzt noch ein Detail von Familie „A“ auf: die gestresste Mutter. Heutzutage gibt es unzählige gestresste Mütter, die zwischen Berufstätigkeit und Familie hin- und herhasten, also gleichsam in zwei Orchestern mitspielen. Nehmen die Funktionslücken und Misstöne in beiden Orchestern „hörbar“ zu, pflege ich *zugunsten der Familie* zu plädieren, weil auf einer Arbeit, die unter Vernachlässigung der engsten Angehörigen und insbesondere der eigenen Kinder geschieht, kein Segen liegt. Es ist niemand gezwungen, eine Familie zu gründen. Jeder darf sich beruflich profilieren. Hat sich aber jemand für eine Partnerschaft und Elternschaft entschieden, dann gibt es so etwas wie ein *Prioritätskriterium*, das lautet: „Spiele erst deinen Part im Orchester deiner Familie, und spiele ihn richtig! Restressourcen kannst du dann unbeschadet in weitere Aktivitäten stecken!“

Ich weiß, wie altmodisch das klingt. Nur – ich kenne die Zahlen. Von rund 300 Patienten, die ich jährlich betreut habe, und dies über drei Jahrzehnte hinweg, litten mindestens Dreiviertel unter quälenden familiären Dissonanzen. Ihre Leiden waren vielfältig, aber das Fehlen eines warmen familiären Klimas hat sie allesamt mehr Nervenkraft gekostet, als ihnen jeglicher gesellschaftlicher oder wirtschaftlicher Aufschwung spenden konnte. Und: Eine intakte Familie kann auch der beste Psychotherapeut nicht zurückzaubern, wenn sie einmal verloren gegangen ist.

Die innere Einstellung „modulieren“

Ein 40-jähriger Mann kam zu mir zur Nachbetreuung nach einer sechsmonatigen stationären Alkoholiker-Langzeit-Therapie, wobei es darum ging, der Rückfallgefahr prophylaktisch entgegenzuwirken. Sein Alkoholproblem hatte mit Unterbrechungen seit seinem 15. Lebensjahr bestanden.

Der Mann war fest entschlossen, keinen Tropfen Alkohol mehr anzurühren, aber er war sehr unsicher hinsichtlich der Gestaltung seines weiteren Lebens und litt an wiederkehrenden Phasen schwerster Deprimiertheit, die durch körperliche Einbußen (Schlappheit, Verdauungsstörungen, Nervosität, Händezittern, Unrast, Hitzewallungen ...) aus der Zeit des Alkoholmissbrauchs verstärkt wurden. Besonders machte ihm die Tatsache zu schaffen, dass er allein war, weil er während seiner Suchtkrankheit Freunde und Bekannte verloren hatte, und dass er aus einer exzellenten beruflichen Laufbahn herauskatapultiert worden war, hinsichtlich derer es schwierig war, einen Neuanfang zu finden, geschweige denn einen Ersatz.

Als er wieder einmal gedrückter Stimmung war, brachte er im Gespräch zum Ausdruck, dass sein Leben keinen Sinn mehr habe. Wenn man, wie er, in der Mitte des Lebens vor dem Nichts stehe und nicht auf den geringsten Erfolg zurückblicken könne, dann gäbe es keinen Anschluss mehr an eine „normale Existenz“, und man müsse resignieren.

Hier war eine *Einstellungsmodulation* indiziert, weshalb ich ungefähr folgendermaßen konterte:

„Es stimmt, Sie sind 40 Jahre alt und alles ist für Sie ungewiss. Sie haben keine Partnerin, kaum einen Bekanntenkreis, müssen beruflich von vorne anfangen, haben sich keine finanziellen Rücklagen erspart und wissen nicht, wie es weitergehen soll. Aber vor dieser Situation sind Sie schon einmal in Ihrem Leben gestanden, nämlich damals, als Sie 15, 18 oder 20 Jahre alt gewesen sind, und damals war das alles ganz selbstverständlich. Alle jungen Menschen, die soeben erst ins Erwachsenenleben eingetreten sind, stehen am Anfang einer ungewissen Zukunft. Sie haben noch kaum feste zwischenmenschliche Bindungen, kaum fundierte Anschauungen und keine klar umrissene Berufslaufbahn – und doch, welch ein spannendes Unterfangen ist es, nirgendwo festgelegt zu sein, sondern aufgeschlossen zu sein für das, was einem begegnet! Frei zu sein für das Angebot der Stunde und jede Möglichkeit nutzen zu können, die sich einem darbietet! Wie sehr beneiden manche 40-Jährigen, deren Leben bereits in starren Bahnen festgefügt ist und in deren familiärem und beruflichem Alltag ein Tag dem anderen gleicht, höchstens durch ein paar Urlaubswochen aufgelockert, jene jungen Menschen am Anfang ihres Erwachsenwerdens um ihre Ungebundenheit und Flexibilität! *Sie* aber haben vom Schicksal die Chance erhalten, sozusagen noch einmal ‚jung' zu sein und dort anzufangen, wo Sie den normalen Lebensweg verlassen haben und krank geworden sind. Das Leben steht Ihnen offen wie einem 15- oder 20-Jährigen! Freilich um den Preis derselben Ungewissheit und desselben Ringens nach Reife und Identität wie bei einem jungen Menschen, der seine Ziele auch erst definieren und schrittweise realisieren muss. Wollten Sie denn wirklich nach Ihrer körperlichen Rehabilitation einen festen Lebensweg vorgeschrieben bekommen, eine Familie, die sich auf Sie stürzt, einen Arbeitsplatz, der auf Sie wartet, eine fertig eingerichtete Wohnung, einen Freizeitklub, in dem Sie angemeldet sind, alles fix und fertig für Sie vorbereitet? Sie haben doch im Dunst des Alkohols Jahre versäumt, Jahre des Wirkens, der individuellen Sinnanreicherung Ihres Lebens – endlich können Sie dies alles nachholen! Sie stehen nicht vor dem Nichts, Sie stehen vor der ungeheuren Fülle vielfältiger Möglichkeiten, die sonst nur jungen Menschen gewährt ist oder Menschen, die einen neuen Lebensabschnitt beginnen. Gerade die Ungewissheit Ihrer Zukunft ist Ihre geistige Beweglichkeit. Gerade das Nicht-festgefahren-Sein Ihres Alltags ist die Gelegenheit, Ihre ureigenen Ideen in die Tat umzusetzen und dadurch Ihrem Leben prickelnde Akzente zu verleihen. Akzente, die vielleicht derart entscheidend sind, dass sie Ihre ganze tragische Vergangenheit aufwiegen, ja, rückblickend akzeptabel machen, weil es ohne sie nie zu jener Akzentsetzung gekommen wäre."

Das war für den Mann eine verblüffende Sichtweise, doch er konnte sie annehmen und wurde aktiver. Er begann, nach konkreten Betätigungsmöglichkeiten Ausschau zu halten, und entwickelte dabei eine Menge Fantasie. Vor allem war wichtig, dass er sich seine kleinen Erfolgserlebnisse *selber schuf*. Denn keine von außen zugeschobenen Wiedereingliederungshilfen hätten seine Selbstsicherheit hinreichend aufgebaut, im Gegenteil: Abhängigkeit bleibt Abhängigkeit, ob vom Alkohol, ob von wohlgemeinten Hilfen. Und wer abhängig ist, muss sich fürchten, nämlich fürchten vor dem Moment, da das Medium, von dem er abhängig ist, nicht mehr verfügbar ist. So aber lernte mein Patient sukzessive, sich auf seine eigenen Kräfte zu stützen und diese im Wechselspiel des Lebens positiv einzusetzen.

Weg vom Fragenden und hin zum Antwortenden

Das Wechselspiel des Lebens war allerdings alles andere als leicht für ihn, denn er geriet mit seiner Arbeitssuche in eine wirtschaftliche Flaute, die ihm zahlreiche Absagen einbrachte. Eines Tages hatte er ein gefährliches Tief; gefährlich deshalb, weil es ihn zum Hader mit dem Schicksal verleitete. Drängende, vorwurfsvolle Fragen an das Schicksal jedoch verhallen ungehört und bringen kein tröstliches Echo zurück. Sie führen zu keinem befriedigenden Ergebnis, sondern ziehen den Betreffenden in einen ungesunden Strudel des Selbstmitleides hinab. Es ist daher therapeutisch unumgänglich, solche Klagen an das Schicksal aufzufangen und – in Form von *Einstellungsmodulationen* – um Verständnis dafür zu werben, dass es eher das Schicksal ist, das uns Menschen Fragen zur Beantwortung aufgibt, indem es uns mit unerwarteten Situationen konfrontiert, auf die wir mit adäquaten Reaktionen antworten müssen. Frankl sprach von einer „kopernikanischen Wende", die es zu vollziehen gilt: weg vom Fragenden und hin zum Antwortenden!

Die revoltierende Frage des Patienten lautete kurz gefasst:

„Wieso ist das Schicksal so ungerecht und hat mir viele wunderbare Gaben beschert, als ich noch getrunken und überhaupt nichts Positives aus meinem Leben gemacht habe, während es mir jetzt das Glück versagt, jetzt, da ich mich tapfer bemühe, durchzuhalten und ein ordentliches und abstinentes Leben zu führen? Will es mich für meinen hart eroberten Widerstand gegen die Sucht bestrafen?"

Hier meine „einstellungsmodulierende" Argumentation, die ich dem Patienten damals brieflich – aus einem Urlaubsort, wo er mich in seiner Not angerufen hatte –, übermittelte:

„Kleine Kinder empfinden Erziehungsmaßnahmen ihrer Eltern oft als ungerecht, weil sie sie nicht verstehen bzw. nicht verstehen, dass sie zu ihrem Vorteil geschehen. Ähnlich ergeht es uns erwachsenen Menschen gegenüber den ‚Maßnahmen des Schicksals': Auch wir empfinden als ungerecht, was wir nicht verstehen. Wir können der Vorsehung jedoch nicht in die Karten gucken. Wir können nur eines tun: hellhörig bleiben für verschiedene Interpretationen, ohne uns auf eine einzige, zynische, zu versteifen. Ich wüsste zum Beispiel für die von Ihnen angeprangerte Sachlage eine völlig andere Interpretation: In der langen Zeit, in der Sie getrunken haben, waren Sie zweifellos nicht in der Lage, ernste Schwierigkeiten zu meistern. Sie wären an massiven Belastungen wie finanziellen Sorgen oder anhaltender Arbeitslosigkeit zu Grunde gegangen. Deshalb, so ließe sich vermuten, hat das Schicksal gravierende Probleme Ihres Lebens bis zu jener Zeit verschoben und aufgehoben, da Sie *fähig* sein würden, sie zu lösen. Denn was Sie früher an erfreulicher Karriere und finanziellem Rückhalt besaßen, war ‚unverdientes' Glück, war eine Art ‚Vorauskredit' – geschenkt, damit Sie nicht zusammenbrechen oder verhungern, bevor Sie die nötige Reife erlangen würden, um aus eigenen Kräften zu schöpfen. Nun aber scheint der Moment gekommen zu sein, da Sie kein Geschenk des Schicksals mehr brauchen, da Sie ‚für würdig erachtet werden', den Daseinskampf in Eigenregie zu führen. Vielleicht ist dies, vermenschlicht ausgedrückt, ein ‚großes Lob des Schicksals', das Ihnen mittlerweile zutraut, sogar harte Prüfungen zu bestehen. – Natürlich ist auch das nur eine Deutung, aber eine, bei der die Dankbarkeit dafür, dass Ihre Probleme *jetzt* und nicht um Jahre früher auftauchen, *jetzt*, da Sie ihnen mit erhöhter Wahrscheinlichkeit gewachsen sind, Vorrang hat vor jedem fruchtlosen Hader. Aus einer solchen Dankbarkeit heraus werden Sie die richtige Antwort auf die ‚Prüfungsfragen' des Schicksals finden, davon bin ich überzeugt!"

In der Tat hat der Mann schließlich die richtigen Antworten gefunden, hat seine „Prüfung" mit „Note 1" bestanden. Solange er keine feste Anstellung bekam, nahm er einen Aushilfsjob an, der nicht einfach auszuführen war und ihn aufs Äußerste forderte. Der Job kostete ihn enorme physische Anstrengung, war aber zugleich ein optimales „Fitness-Programm", das seine körperliche Kondition erheblich verbesserte. Dies brachte ihm den inneren Triumph ein, auf seine „sportlichen" Leistungen stolz sein zu können. Später begann er, sich intensiv fortzubilden und schulte damit automatisch sein Gedächtnis, das in der Zeit seiner Krankheit stark nachgelassen hatte. Circa ein Jahr darauf eröffnete sich ihm die Chance, eine Verwaltungstätigkeit aufzunehmen, die zwar nicht seinen Traumvorstellungen entsprach, aber als Sprungbrett für einen beruflichen Neustart dienen konnte.

Keine Angst vor Alltagsfrust!

Noch einmal kam es zu einer Krise im Leben meines Patienten. Er zögerte, das Arbeitsstellenangebot zu ergreifen, weil eine häufig gehörte Warnung des Leiters einer Nachbetreuungsgruppe für Suchtkranke (vom „Blauen Kreuz") in ihm nachklang. Eine Warnung, die darauf hinauslief, sich bloß nichts Unangenehmes aufzuladen, weil Frustrationen schnell einen Rückfall in den Alkohol provozieren würden.

Dagegen musste ich energisch protestieren. Psychisch labile Personen sollen weder vor Frustrationen geschützt werden noch darf ihnen eingeredet werden, Frustrationen müssten unausweichlich zu Krankheitssymptomen führen. Menschliches Werden und Wachsen spielt sich nicht im strahlenden Sonnenschein allein ab; jeder sitzt gelegentlich im hintersten Winkel. Hoffnungen werden enttäuscht. Erwartungen bleiben unerfüllt. Das gehört zu unserem Dasein dazu. Deswegen darf man nicht umkippen und sofort an Rückfälle in kindliche Stadien oder in überwundene pathologische Verhaltensmuster denken, wo käme man da hin? *Frustrationen sind mutig auszuhalten*, und gerade dieses Aushalten trägt längerfristig zur Konsolidierung der inneren Stabilität bei; es ist ein wesentlicher Sicherheitsfaktor in jedem Genesungsprozess.

Auch für den beschriebenen Patienten wäre nichts gefährlicher gewesen, als tatenlos zu Hause herumzusitzen und am Ende dem vergangenen Leben in Trunksucht nachzuhängen. Er brauchte schon um der Erstarkung seines Selbstwertgefühls willen das Bewusstsein, sich von seiner eigenen Arbeit Verdienst ernähren zu können und folglich auf eigenen Füßen zu stehen. Außerdem brauchte er künftige Ziele, die ihm erstrebenswert schienen, und Energien, die es ihm erlaubten, sich diesen Zielen anzunähern, und beides war mit der Arbeitsaufnahme gegeben: das Ziel, eines Tages über die Routinearbeit hinauszugelangen, und das Erwachen der Energien im Sich-Messen an der täglichen Bewährung. Wer lange Zeit untätig gewesen ist, ist kaum noch in der Lage, einen 8-Stunden-Tag gut hinter sich zu bringen – wer jedoch bereits eine ungeliebte Tätigkeit mit Bravour bewältigt hat, schafft eine geliebte erst recht.

Deswegen erklärte ich dem Mann, dass er sich vor Frustrationen nicht fürchten dürfe, denn sie seien keineswegs eine Verlockung zur Krankheit, sondern vielmehr ein Training für seine seelische Gesundheit. Als ein solches Training möge er insgesamt das finanziell bescheidene und auch sonst wenig attraktive Arbeitsangebot ansehen. Was er dadurch gewinne, sei nicht in Geld oder Prestige ummünzbar, es seien die Bahnen, auf denen seine komplette Wiederherstellung Stück für Stück vorankommen werde.

Seitdem sind Jahre vergangen. Der Patient hat nach einer erfolgreichen Probezeit in eine für ihn interessantere Abteilung überwechseln können und ist „trocken" geblieben. Seine Einstellungen zum Leben sind positiver geworden, seine Frustrationstoleranz ist gefestigt, seine körperlichen Restschäden sind zurückgegangen, sein Denken und Fühlen ist zukunftsgerichtet. Er hat geheiratet und einen neuen Freundeskreis gefunden. Ich konnte ihn mit bester Prognose in die Selbstverantwortung entlassen.

Der Mensch vermag seinen Schicksalsdeterminanten zu trotzen, er muss sich (wie Frankl zu seinen eigenen Patienten zu sagen pflegte) „von sich selbst nicht alles gefallen lassen", er kann geistige Kräfte mobilisieren, die seinen psychischen Schwächen überlegen sind.

Der Selbstmord: ein Nein auf die Sinnfrage

Die Tochter ist mit einem orientalischen Einwanderer durchgebrannt, der Sohn will von der Firma (Vaters Lebenswerk) nichts wissen, die Ehe ist längst ausgeleiert, der Ehemann ist zu einer Geliebten gezogen, das jüngste Kind muss die Sonderschule besuchen, das älteste Kind hat einen Kaufhausdiebstahl begangen, die Mutter hat einen hysterischen Zusammenbruch bekommen ..., alles Dinge, wie sie sprechstündlich in der therapeutischen Praxis schluchzend berichtet werden. Da reichen die traditionell tief schürfenden oder non-direktiven Methoden nicht aus, da müssen wir instantan Rat, Trost, Orientierung bieten und Perspektiven einblenden, die einem humanen und ethisch respektablen Menschenbild entspringen – wie dem der Logotherapie.

Als Albert Görres, der ehemalige Leiter des Psychotherapie-Instituts der Technischen Universität München und einer der markantesten Vertreter der Tiefenpsychologie, in seinem Buch „Kennt die Psychologie den Menschen?“ folgenden Satz niederschrieb:

> „Ich muss zugeben, dass ich mit wachsender Erfahrung dem, was Viktor E. Frankl das ‚existentielle Vakuum‘ nennt, dem Mangel an Lebenssinn, der existentiellen Frustration des veruntreuten Himmels, den kognitiven Dissonanzen im Selbstverständnis und Daseinsverständnis, dass ich also alledem als Unruheherd, Stressfaktor und damit als möglicher Ursache von Krankheiten und Fehlentwicklungen weit mehr Raum zugestehen muss, als etwa in meinem Buch ‚An den Grenzen der Psychoanalyse‘, das doch auch solchen Fragen gewidmet ist, sichtbar wird“,

dann war dies die Quintessenz eines langen Erkenntnisprozesses im Dienste der Psychotherapie. Auch Wolfgang Kretschmer, Sohn des durch seine Charakterstudien berühmt gewordenen Ernst Kretschmer und emeritierter Professor für Psychiatrie an der Universität Tübingen, gebrauchte ähnliche Worte.

Die Zeiten haben sich seit Sigmund Freud geändert. Die modernen Generationen leiden nicht mehr hauptsächlich an unterdrückter Sexualität oder einem verdrängtem Aufbäumen gegen Autoritäten. Dafür kennen sie andere Nöte. Exzessive Massensymptome wie Burn-out-Kollapse, Essprobleme, Drogenabhängigkeit, geborstene Beziehungen, steigende Kriminalität, extremistischer Fremdenhass oder blinde Zerstörungswut eskalieren. Lebensfreude und Lebensbejahung stehen auf dem Prüfstand. Letztbegründungen für verantwortliches Handeln sind nicht aus dem Konsum zu holen. Ist unsere mühsame Reise durch die irdischen Stationen für etwas gut? Gibt es irgendein „mehr als alles“ ...? Viele Zeitgenossen suchen ... und wenige finden das Gesuchte.

Die „Hamburger Neurotizismus- und Extraversionsskala für Kinder und Jugendliche“ (HANES KJ I und II) von Buggle und Baumgärtel enthält unter anderem die Testfrage: „Hast du manchmal das Gefühl, es lohne sich nicht zu leben?“ Nicht selten kreuzen heutzutage junge Menschen bei dieser Frage das Kästchen „ja“ an – Spiegelbild einer depressiven Zeitströmung? Neuerdings werden offizielle Sterbehäuser für Selbstmordwillige gefordert – wird der Tod begehrenswert? Immerhin löscht er sämtliche Leiden aus, körperliche wie seelische. Er lässt den stärksten Kummer gleichgültig werden, erspart den größten Schmerz. Das entscheidende Argument gegen den Selbstmord kann nie eines gegen den Tod, es muss stets eines *für das Leben* sein. Aber was spricht für das Leben und Weiterleben?

Nun, Pflanzen, Tiere und Menschen tun seit jeher alles in ihrer Macht Stehende, um zu überleben und das Leben weiterzugeben – und zwar offensichtlich, ohne genau zu wissen, warum. Einfach ihrem Gefühl, Trieb, Urinstinkt, innerem Befehl (oder wie man es nennen will) gehorchend, wobei diese Begriffe für die Pflanzen höchst unpassend dünken, doch denselben Sachverhalt meinen. Keinem Baum und keiner Blume würde es „einfallen“, die Wurzeln vor dem eindringenden Nass des Regens zu verschließen, um zu vertrocknen. Die Absurdität dieser Überlegung bringt uns auf eine weitere Denkspur: Die Pflanze *kann ja auch gar nicht* ihre Wurzeln aufgrund irgendwelcher Sonderwünsche verschließen; der osmotische Druckausgleich zwingt sie, das zum Leben benötigte Wasser aufzusaugen. Die Pflanze hat also nicht die Freiheit, Suizid zu begehen. Und die Tiere?

Es wäre ein bisschen voreilig, sie selbstverständlich in eine Reihe mit den Pflanzen zu stellen, denn es sind „Grenzfälle“ aus dem Tierreich bekannt, wie etwa der treue Hund, der nach dem Verlust seines Herrn jede Nahrung verweigert, oder gewisse „Läufe in den Tod" wie die der Lemminge. Die Verhaltenserforschung dieser Tiere lässt jedoch vermuten, dass auch sie keine Freiheit zu Alternativen besitzen. Ähnlich dem osmotischen Druck bei den Pflanzen ist es bei ihnen ein instinktiver Druck, der sie steuert und der in seltenen Ausnahmefällen den Selbsterhaltungstrieb „übersteuert", eben außer Kraft setzt.

Klettern wir noch eine Sprosse höher auf der evolutionären Leiter, dann erreichen wir den homo sapiens, der zweifellos fähig ist, sich selbst zu ruinieren oder gar sich zu suizidieren. Die gewaltige Kraft des Selbsterhaltungstriebes kann vom Menschen willkürlich ausgetrickst werden. Ist doch der Mensch „jenes Wesen, das sich je auch schon frei macht von dem, wodurch es bestimmt ist" (Frankl), das Wesen, das keinerlei Instinktdiktat völlig unterliegt. Diese außerordentlich „junge" Freiheit auf unserem Globus mischt die Karten von Lebenserhaltung und Lebensweitergabe neu. Statt einem physikalischen oder biologischen Druck ist es jetzt das *Motiv* eines geistbegabten Wesens, das über Leben und Tod regiert.

Wie Frankl nicht müde wurde zu betonen, unterscheiden sich die *Motive* des menschlichen Geistes von den Triebfedern der Psyche. Geist interessiert sich nicht für simple Bedürfnisstillung, Geist braucht Sinn. Geist weiß sich gerufen, angesprochen, vom Leben eingeladen, etwas Persönliches, möglichst Edles zu bewirken, und verlange es krasse Selbstüberwindung. Wer diesen Ruf hört, will ihm auch folgen. *Wer Sinn spürt, will leben!* Der Selbstmord ist nur denkbar und vollziehbar unter „akustischer" Ausblendung jenes Sinnzuspruchs, der an jeden Menschen jederzeit adressiert ist (wenn er auch nicht immer er-hört wird). Wobei „jederzeit" die unerquicklichste Situation mit einschließt, in die jemand geraten sein kann.

Auf den Punkt gebracht: Nur wer keinen Sinn mehr spürt, wer den Ruf, der an ihn ergeht, nicht mehr vernimmt, will nicht mehr bedingungslos leben. Der Flirt mit dem Tod kann beginnen. Der Selbstmord ist nicht, wie man glauben könnte, primär ein Nein zu einem belasteten Leben, sondern – ein Nein auf die Sinnfrage.

Frankls „Hauptstraßen der Sinnfindung“

Um Überzeugungsarbeit zu leisten, dass auch ein belastetes Leben noch reich an Sinnquellen ist, sei auf die drei Wertkategorien nach Frankl verwiesen. Er nannte sie „schöpferische Werte“, „Erlebniswerte“ und „Einstellungswerte“ und bezeichnete sie als die drei „Hauptstraßen der Sinnfindung“. Zwischen ihnen oszilliere der jeweilige „Ruf des Augenblicks“, der uns zu Aktion, Kontemplation oder Passion aufruft, je nachdem, worauf „die Zeichen stehen“.

Der Begriff *schöpferische Werte* ist uns am geläufigsten. Er inkludiert jegliche Schaffung von etwas Neuem, vorher *so* nicht Dagewesenem. Wobei Frankl die dafür erforderliche Tat- und Innovationskraft im Auge hatte und nicht etwa einen eventuellen Marktwert des Geschaffenen. Wenn ein Mädchen seiner Puppe ein Kleid näht, oder ein Greis seine gesammelten Briefmarken in ein Album einklebt, sind dies genauso schöpferische Werte, die erzeugt werden, wie die beeindruckenden Menschheitskreationen – von den Pyramiden bis zur Mondfähre, vom Bau des Panamakanals bis zur ersten Herzverpflanzung. So charakterschwach und grausam das menschliche Wesen sein mag – in Bezug auf seine schöpferischen Leistungen scheint es von einem göttlichen Funken gestreift worden zu sein. Es ist seine beachtlichste Kapazität, aktiv und erfinderisch wirken zu können.

Umso wichtiger ist es aber, dass sich Schöpferisches mit *Werten* verbindet, denn es kann auch zur Schaffung von Unwerten herangezogen werden, wovon nicht nur die Atombomben und Waffenarsenale erzählen, sondern auch viele kleine Betrügereien und Gaunereien, die durchaus einem einfallsreichen Geist entspringen, aber die „Straße“ zum Sinn verfehlen.

Die zweite Wertkategorie, die *Erlebniswerte*, ist uns weniger geläufig; wahrscheinlich deshalb, weil sie zu keinen greif- und sichtbaren Ergebnissen führt. Doch sollten wir ihre Bedeutung nicht unterschätzen. Gerade die Intellektualisierung bzw. die „Tendenz zur Verkopfung“, wie die Pädagogin Christa Meves die Neigung der aufgeklärten Bewohner westlicher Industriestaaten, möglichst alles rational erklären und erledigen zu wollen, nannte, braucht ein austarierendes Gegengewicht. Soll das Gute, Wahre und Schöne nicht aus unserem Sehnsuchtshorizont verschwinden, gilt es, unsere geistig-emotionale Sensibilität anzukurbeln.

Wertvolle Erlebnisse sind zudem Heilmittel der Seele. In der Zweisamkeit einer echten Liebesbeziehung, im maßlosen Staunen angesichts der Wunder der Natur, im Eintauchen in das Faszinosum Kunst oder in einer innigen Zwiesprache mit Gott treten Facetten des Seins zutage, die aus dem Gewöhnlichen und Durchschnittlichen herausragen. Sie heben den Menschen ein Stück über sich selbst empor. Sie krönen die Freude an den Kindern, sie durchdringen das Abenteuer einer Reise, sie klingen an in den Mußestunden der Einkehr und in der Rückschau auf beglückende Ereignisse. Der Soziologe Walter Böckmann hat die Erlebniswerte nochmals unterteilt in *sozial gebundene* und *sozial ungebundene* Werte, da sowohl Einfühlung und Begegnung unter diese Wertkategorie fallen als auch meditative Regungen in Stille, die nur einem selbst gehören.

Leider haben es viele Menschen in der Favorisierung von Erlebniswerten nicht so weit gebracht wie in ihrem schöpferischen Potenzial. In mancher Hinsicht gleichen sie einem kleinen Kind, das zu den Festspielen nach Bayreuth mitgenommen wird und in einer Wagner-Oper Daumen lutscht vor Langeweile. Viele laufen wie blind und taub durchs Leben, sehen weder das prachtvolle Schauspiel des nächtlichen Firmaments noch die ihnen entgegengestreckte Hand eines Freundes. Die amerikanische Wissenschaftlerin Edith Weisskopf-Joelson warnte bereits vor Jahrzehnten davor, Erfolg und Karriere auf Kosten der Erlebnisfülle zu forcieren, weil dabei Mitleid und Humanität auf der Strecke bleiben.

Blenden wir an dieser Stelle kurz zum Selbstmord als einem Nein auf die Sinnfrage zurück. Wird jemand, der gerade intensiv schöpferisch beschäftigt ist, den Sinn seines Tuns in Abrede stellen? Wahrscheinlich nicht! Wird jemand, der gerade in berührenden Erlebniswerten schwelgt, am Sinn des aktuellen Geschehens herummeckern? Auch eher nicht! Wann also wird jemand den Rotstift zücken und den „Sinn seines Lebens“ dick durchstreichen? Wenn das Leid Einzug gehalten hat! Der „homo patiens“, der leidende Mensch, ist es, der mit dem Nein auf die Sinnfrage kokettiert.

Frankl, der Begründer einer „sinnzentrierten Psychotherapie“, wusste um diese elementare Hürde genau Bescheid. Nicht nur, weil er tagein, tagaus mit den Geschicken psychisch oder neurologisch kranker (teilweise chronisch kranker) Patienten konfrontiert war, sondern weil er sich als Überlebender von vier Konzentrationslagern keine Illusionen mehr darüber machen konnte, was dem Menschen auf Erden beschieden sein kann. Deshalb lässt es aufhorchen, wenn ausgerechnet er stets das Vorhandensein von Sinnaspekten im und trotz Leid verteidigt hat. Für ihn war es just der „homo patiens“, der in der Art und Weise, wie er sich zu seinem Leid *einstellt*, exquisite Werte verwirklichen kann: eben *Einstellungswerte.*

Er gibt Personen, die in unübertroffener Gefasstheit ihr Leiden tragen und sich weder zur Destruktion noch zur Aggression hinreißen lassen. Es gibt welche, die in höllischen Stunden noch an ihre Mitmenschen denken und sich mit letzten Kräften aufrichten, um z. B. Leidensgenossen zu helfen. Auch solche hat Frankl im Konzentrationslager kennengelernt. Im Menschen steckt beides, ein „Dämon“ und ein „Heiliger“, und die Freiheit des Geistes erlaubt ihm jeweils die entscheidende Wahl dazwischen. Wer über seinen Tellerrand hinausblickt, wird solch „fast heilige“ Personen auch außerhalb von Schreckensorten im unauffälligen Alltag finden: „Heroen“, die Krankheit, Enttäuschung und bittere Verluste aufrecht erdulden, ohne zu jammern, zu toben oder ihren Grant an Unschuldigen auszulassen. Sie verwandeln die Schwäche ihrer äußeren Position in einen inneren Triumph! Sie legen Zeugnis davon ab, dass der Mensch nicht nur bereit ist, in seinen dämonischsten Stunden anderen den größten Schmerz zuzufügen, sondern auch bereit ist, in seinen heiligsten Stunden den größten Schmerz tapfer und würdig in Empfang zu nehmen, wenn ein solcher unumgänglich ist. Die „Heroen“ sind es, die dem belasteten Leben durch die Realisation von Einstellungswerten eine einzigartige Sinnkomponente abringen – die höchste.

Ihnen ist zu danken, dass wir das traurige Thema „Selbstmord" abschließen dürfen mit der kühnen Behauptung: *Niemals wird der Freitod um eines verlorenen Glückes willen in Betracht gezogen werden, solange das Weiterleben um eines zu erfüllenden Sinnes für notwendig erachtet wird.*

Zwei Faktoren effizienter Stressvorsorge

Der Experimentalpsychologe und Verhaltensforscher A. Lazarus hat festgestellt, dass physiologische Körperveränderungen (z. B. eine Pulsfrequenzsteigerung) bei der Stressverarbeitung nicht unmittelbar von den psychosozialen Stressfaktoren (z. B. dem Zornausbruch eines Vorgesetzten) abhängen, sondern mit zwei „Zwischenfaktoren" verknüpft sind:

1) damit, wie jemand seine Situation – speziell ihre Bedrohlichkeit – subjektiv einschätzt, und
2) damit, welche „Werkzeuge" jemand hat, mit dieser Situation – bzw. der Belastung durch sie – fertigzuwerden.

Beides sind Mechanismen, die an gewisse Fähigkeiten der Person gebunden sind und weniger an den Stress-Charakter der gegebenen Umstände. Eine Metapher soll dies erläutern.

Nehmen wir an, ein Teich ist im Winter zugefroren, doch seine Eisdecke ist noch dünn. Sollte sich ein Kind dessen ungeachtet mit Schlittschuhen auf das Eis wagen, ist seine subjektive Situationseinschätzung getrübt. Eine *echte* Bedrohung wird nicht wahrgenommen. Ist das Eis des Teiches hingegen seit Wochen tragfähig, und tummeln sich viele Kinder darauf, bleibt aber ein Kind am Ufer zurück, weil es sich aus Angst nicht auf die Eisfläche wagt, handelt es sich ebenfalls um eine gestörte subjektive Situationseinschätzung. In diesem Fall wird eine *unechte* Bedrohung wahrgenommen.

Stellen wir uns nun vor, das Eis bricht tatsächlich, und ein Kind plumpst in den Teich. Dann geht es nicht mehr um die subjektive Einschätzung der Situation, sondern darum, ob das Kind sich herausziehen oder wenigstens über Wasser halten kann, bis Rettung kommt. Was jetzt entscheidet, ist die Spannweite der Möglichkeiten, mit einer Belastung oder Bedrohung fertigzuwerden, etwa, ob das Kind körperlich kräftig und widerstandsfähig ist, ob es die Nerven behält und ob es schwimmen kann.

Ähnlich ist es auch hinsichtlich unserer Lebenskrisen. *Vor* dem Eintritt eines (kritischen) Ereignisses hängt unsere psychische Verfassung von unserer subjektiven Situationseinschätzung ab; *nach* dem Eintritt des Ereignisses steht sie in Zusammenhang damit, wie wir darauf reagieren wollen und können. Beides zusammen ist in einem psychophysischen Regelkreis koordiniert, wobei der Körper parallel zur jeweiligen psychischen Verfassung „mitspielt", wie Lazarus gezeigt hat. Jede effiziente Stressvorsorge muss daher beide Faktoren berücksichtigen und sich sowohl in Richtung „Verbesserung getrübter subjektiver Situationseinschätzungen" als auch in Richtung „Erwerb von Taktiken, mit Belastungen umzugehen" bewegen. Dazu hat die Logotherapie Frankls, die über das Psychophysikum hinaus die geistige Dimension des Menschen mit einkalkuliert, einige Hilfen anzubieten.

Kehren wir zur Metapher von den Schlittschuh laufenden Kindern zurück und verbleiben wir zunächst beim ersten Faktor, der subjektiven Situationseinschätzung. Das Kind, das sich auf die dünne und gefährliche Eisdecke hinauswagt, schätzt die Situation vermutlich deswegen falsch ein, weil ihm hinreichendes Wissen und ausreichende Warnungen fehlen. Vielleicht ist es auch leichtsinnig und gedankenlos, wie Kinder manchmal sind. Sich nicht genügend zu informieren oder gedankenlos zu sein, würde in der Erwachsenenwelt bedeuten, die geistige Kontrolle über das eigene Verhalten schleifen zu lassen und emotionalen Verlockungen zu folgen.

Bei der Umkehrung des Beispiels ist es anders und dennoch äquivalent problematisch: Ein Kind betritt das Eis nicht, obwohl dieses dick gefroren und ungefährlich ist. Hier überwiegt ein irrationales Angstgefühl, eine Unsicherheit wider besseres Wissen, es könnte Schlimmes passieren. Die vernünftige Einsicht wird von den Wellen der Psyche überspült. Selbstverständlich wird man von Kindern nicht verlangen, dass ihre geistigen Kräfte ausgereift genug seien, um steuern zu können. Aber auch in der Erwachsenenwelt kennen wir die Konflikte zwischen Lust und Sinn, Angst und Vertrauen.

Was beiträgt, sie positiv zu lösen und die geistige Kontrolle zu bewahren, ist in vielen Fällen die Einschaltung des Potenzials zur *Selbsttranszendenz* (Frankl). Menschliche Existenz ist eine prinzipiell „weltoffene". Ein ängstliches Kind, das trotz seiner Furcht auf die feste Eisfläche steigt, weil es dort *seine Freunde* begrüßen möchte, handelt selbsttranszendent – und genauso handelt ein Kind, das auf das Schlittschuhlaufen auf trügerischem Eis verzichtet, weil es *seinen Eltern* keine Sorgen bereiten will. Freilich kann auch singulär Selbstüberwindung geübt werden. Doch ist das soziale Netz, in das sich jemand eingebunden weiß, seit Jahrtausenden ein Unterstützungsmodus erster Güte.

Lebens-Grund und Situationseinschätzung

Wie sehr die Fähigkeit, über das eigene Ich hinauszudenken und hinauszuagieren, eine bergende Lebensgrundlage des Menschen darstellt, zeigt uns ein ernsteres Beispiel. Müssen einem Schwerverletzten nach einem Verkehrsunfall beide Beine amputiert werden, wird es in erster Linie darauf ankommen, ob er um etwas oder um jemanden weiß, für das oder für den ihm ein Weiterleben auch als Rollstuhlfahrer noch sinnvoll erscheint. Kann sich der Patient innerlich sagen: „Mir graut vor einem Behindertendasein, aber ich will es meiner Frau und meinen Kindern nicht antun, schlappzumachen, und werde mich daher bemühen, mein Schicksal zu meistern", ist dies selbsttranszendent gedacht, und diese Sichtweise wird ihn vor der ärgsten Verzweiflung bewahren. Kennt der Schwerverletzte jedoch nur seine eigene Mut- und Hilflosigkeit und nimmt nichts um sich herum wahr, das über seine Probleme hinaus von Bedeutung wäre, ist eine Erstarrung in permanenter Lebensverneinung vorprogrammiert. Lernen wir daraus, dass die subjektive Einschätzung einer bestimmten Situation – also der erste „Zwischenfaktor" im Stressverarbeitungsmodell von A. Lazarus – umso labiler und pathogener ist, als sie an die Belange des eigenen Ichs gekettet ist, und dass sie umso flexibler und für Lösungsmöglichkeiten sensibler wird, je mehr Selbsttranszendenz in sie einfließt.

Dass die geistige Fähigkeit des Menschen zur Selbsttranszendenz nicht nur Kranken hilft, ihre Krankheit zu ertragen, sondern auch Gesunden hilft, gesund zu bleiben, beweisen indirekt zahlreiche Studien. Zwei davon seien herausgegriffen:

1) Der Heidelberger Medizin-Soziologe und Krebsforscher Ronald Grossarth-Maticek hat bereits in den 1980er-Jahren durch langjährige Beobachtungen ermittelt, dass düstere subjektive Situationseinschätzungen Entstehung und Verlauf von Krebserkrankungen mit beeinflussen. Anhaltende Perioden von Hoffnungslosigkeit und Niedergeschlagenheit verschlechtern den Verlauf von Krebserkrankungen signifikant.
2) Der amerikanische Forscher Lewis Thomas und der US-Psychologe Robert Meister haben etwa zur selben Zeit festgestellt, dass eine überzogene Beschäftigung mit dem eigenen Körper sogar gesunde Leute krank macht. Zum Beispiel lässt die Angst vor einem Herzanfall das vegetative Nervensystem „verrücktspielen". Beide Wissenschaftler sprachen vom „eingebildeten Kranken des 20. Jahrhunderts", der mit seiner fast hypochondrisch zu nennenden Egozentrierung viele körperliche Beschwerden produziere, die nicht auftreten würden, würde er sich nicht ständig daraufhin beobachten.

Eine Verminderung von Niedergeschlagenheit und ungesunder Selbstbeobachtung, wie sie beiden Studien gemäß präventiv bedeutsam ist, setzt aber voraus, dass die Aufmerksamkeit auf *etwas anderes* als auf das eigene Wohlbefinden gerichtet wird. Dass der Mensch eben in einem selbsttranszendenten Akt über sich selbst hinauslangt und geliebte Mitmenschen, selbst definierte Ziele, bejahte Aufgaben ins Visier bekommt – sozusagen einen „Lebens-Grund". Wer einen Grund zum Leben hat, dessen Situationseinschätzung hellt sich wieder auf, denn er spürt zutiefst, dass es richtig und wichtig ist, dass es ihn gibt, wie schwierig sich sein Dasein auch gestalten mag, und dass es immer noch lohnt, sich für die Welt einzusetzen, in der man lebt. Darauf baut im Prinzip die schon erwähnte logotherapeutische Methode der *Dereflexion* auf, zu der ich nachstehend zwei Beispiele bringen möchte; eines, bei dem der Zufall Pate gestanden hat, und eines, bei dem ich selbst ein wenig nachgeholfen habe.

Wann ist der Mensch „bei sich"?

Das Beispiel mit dem Zufall ist deswegen faszinierend, weil es beweist, wie nahe manchmal die Wende zur Gesundung liegt, wenn wir nur bereit sind, in unserer komplizierten Welt das Naheliegende noch zuzulassen.

Es handelte sich um einen 35-jährigen Mann, der einen Fortbildungskurs besuchte und dabei des Öfteren bemerkte, dass sich seine Hände beim Schreiben verkrampften. Das Problem trat speziell dann auf, wenn der Vortragende des Kurses ihm geradewegs auf die Finger sah, was häufig geschah, weil der Mann in der ersten Reihe vor dem Dozentenpult saß. Er wollte sich gerne in eine rückwärtige Reihe setzen, aber dazu hätte er mit einem Kollegen tauschen müssen, und es war ihm zu peinlich, einen diesbezüglichen Wunsch vorzutragen.

Je mehr der Mann sich selbst beim Schreiben beobachtete, und je mehr er fürchtete, die Schreibhemmung könnte erneut auftreten, desto häufiger hatte er Schwierigkeiten damit, und schließlich suchte er mich auf, um Hilfe zu erbitten. Ich legte dem Patienten dar, dass nichts anderes als seine Angst vor der Schreibhemmung dieselbige fördere, weil Angst zu einer erhöhten

Muskelspannung führe, was jedwede Verkrampfung begünstige. Er solle daher beim Schreiben an alles Beliebige denken, bloß nicht an seine Beschwerden, und sich möglichst auf den Inhalt des Geschriebenen konzentrieren, egal, wie er es zu Papier bringe. Wir machten ein paar Übungen dazu (die ich an späterer Stelle erläutern werde), und er versprach, meine Empfehlungen bis zum nächsten Gespräch auszuprobieren.

Danach meldete er sich lange Zeit nicht, und ich dachte, er habe unsere Abmachung vergessen. Doch eines Tages rief er an. „Meine Frau und ich hatten schreckliche Sorgen in den letzten Wochen“, stöhnte er. „Bei unserem Sohn ist plötzlich festgestellt worden, dass sein Blutbild nicht in Ordnung ist und Verdacht auf Leukämie besteht. Er musste durch eine Vielzahl von Untersuchungen hindurch, bis die Ärzte endlich herausfanden, dass es sich um eine harmlose Störung handelt, die medikamentös behebbar ist. Mein Gott, sind wir froh!“ Das konnte ich ihm gut nachfühlen.

Bevor wir das Telefonat beendeten, fragte ich den Mann, wie es ihm beim Schreiben ergehe. „Ach“, lachte er ganz verlegen, „im Trubel um unseren Sohn habe ich an dieses Miniproblem überhaupt nicht mehr gedacht. Als es mir wieder einfiel, war es verschwunden. Ich kann heute mit meiner Schreibhand gar nicht mehr krampfen, selbst wenn ich es absichtlich versuche ...“ Das ist eine „Dereflexion per Zufall“ gewesen, keine sehr angenehme, aber eine sehr wirksame. Beweis für die Gültigkeit der uralten Weisheit, die Frankl in die folgenden klugen Worte gefasst hat:

> „Es ist nicht die Aufgabe des Geistes, sich selbst zu beobachten und sich selbst zu bespiegeln. Zum Wesen des Menschen gehört das Hingeordnet- und Ausgerichtetsein, sei es auf etwas, sei es auf jemand, sei es auf ein Werk oder auf einen Menschen, auf eine Idee oder auf eine Person. Nur in dem Maße, in dem wir solcherart intentional sind, sind wir existentiell; nur in dem Maße, in dem der Mensch geistig bei etwas oder bei jemandem ist – nur im Maße solchen Beiseins ist der Mensch bei sich.“[10]

Minderwertigkeitskomplexe – was tun?

Hier das zweite angekündigte Beispiel:

Eine junge Frau, Mutter eines achtjährigen Buben, kam zu mir wegen eines Minderwertigkeitskomplexes. Sie hatte diese Diagnose bei sich selbst gestellt, weil angeblich alle typischen Merkmale dafür auf sie zutrafen. Sie hatte viel darüber gelesen. Ihre Mutter war eine dominante Frau gewesen und hatte ihr wiederholt eingetrichtert, dass sie dumm sei, insbesondere, nachdem sie den gewünschten Schulabschluss nicht geschafft hatte, weil sie lieber gezeichnet und gemalt hatte, anstatt zu lernen. Später hatte ihr Ehemann in dieselbe Kerbe geschlagen und sie „nur" als ein Hausmütterchen betrachtet, dem man die schmutzige Wäsche hinwerfen kann, während man mit seinen Freunden kegeln geht. Inzwischen hatte sich sogar ihr kleiner Sohn angewöhnt, sie seine Spielsachen aufräumen zu lassen, während er vergnügt vor Märchenfilmen saß. Daraus schloss die junge Frau, dass sie unfähig sei, ihre eigenen Interessen durchzusetzen, und dass sie bei jeder fremden Anforderung nachgebe, weil sie keine Kraft in sich spüre, ihre Rechte zu verteidigen und ihre authentische Meinung zu vertreten. Zeitweise, gestand sie, sei sie aber auch äußerst wütend, brülle Familienmitglieder an und weine sich die Augen aus, ohne zu wissen, warum; einfach, weil sie unglücklich war. Deshalb hatte ihr Mann schon mehrmals gedroht, sie in eine Nervenklinik „abzuschieben".

Eine Lebenskonstellation wie die geschilderte ist zwar nicht akut gefährdend, doch können wir daraus ablesen, dass sowohl die Selbsteinschätzung der Patientin als auch ihre Einschätzung der Außenwelt negativ getönt waren. Wir können überdies feststellen, dass die Frau sich und ihre Stimmungen zentral im Blickfeld hatte und ihre Fähigkeit zur Selbsttranszendenz dementsprechend dürftig entwickelt war. Schließlich ist anzunehmen, dass eine gewisse Unzufriedenheit mit ihrem Leben vorlag, die aus einer Sinnarmut stammte, denn tatsächlich war diese Frau mit der Hausarbeit wenig ausgefüllt, hatte in ihrem Mann keinen anregenden Partner und wurde von dem aufgeweckten Kind sukzessive weniger gebraucht. Als sie zusätzlich psychologische Literatur las, durch die sie verunsichert wurde, begannen ihre (echten oder eingebildeten) „Komplexe" zu wuchern.

Mir missfiel es, auf die Theorie vom Minderwertigkeitskomplex einzugehen und etwa nachzuforschen, wie das geringe Durchsetzungsvermögen der Patientin ursprünglich entstanden sein könnte. Neurotisch-seelische Störungen geraten schnell in den Aufwind, wenn man ihnen reichlich Beachtung schenkt; und was am Anfang eingebildet ist, gewinnt bei der Beschäftigung damit an Wirklichkeitsgrad. Entscheidend ist, ob sich jemand mit einem Minderwertigkeitskomplex beladen *fühlt* oder nicht, wichtig ist, wie er sich selbst einschätzt. Ich legte daher meinen Finger an die einzige Stelle im gesamten Bericht der Frau, an welcher ein dereflektorischer Ansatz angeklungen war, und zwar an die Stelle ihrer Erzählung, der zufolge sie als junges Mädchen das freie Zeichnen und Malen dem Lernen vorgezogen hatte. Hier war einen Moment lang etwas aufgeblitzt, das sie positiv bewertet hatte, etwas Freude-Bereitendes, Selbstübersteigendes. „Sagen Sie, zeichnen und malen Sie auch heute noch gerne ...?", fragte ich sie.

Schade, dass ich diese Szene nicht auf einem Videoband festgehalten habe, denn der Gesichtsausdruck der jungen Frau hätte besser als alle Worte demonstriert, was Dereflexion bedeutet. Solange mir die Frau ihren Kummer geklagt hatte, waren ihre Gesichtszüge überschattet gewesen, und ihre Hände hatten nervös an einem Kleiderzipfel gedreht. Bei meiner unerwarteten Frage aber begannen ihre Augen zu glänzen, und ihre Hände wurden ruhig. Sie nickte, und bald waren wir in eine lebhafte Diskussion darüber vertieft, was sie mit ihrem grafisch-schöpferischen Talent anfangen könnte. Ich machte Vorschläge, sie machte Vorschläge, wir redeten über Batiken, Dekorfarben, Porzellanmalerei, Modezeichnungen, Kollagen und allerlei Sonstiges, nur nicht über Minderwertigkeitsgefühle. Bei ihrer Verabschiedung trug sie einen Sack voller Ideen mit nach Hause und noch dazu den Ratschlag, ihren Sohn künftig seine Spielsachen selber aufräumen zu lassen und in dieser Zeit lieber Utensilien für eine gemeinsame Malstunde zusammenzusuchen. Oder die Wäsche ruhig einmal warten zu lassen und mit dem Ehemann gemeinsam auszugehen, um neue Eindrücke zu sammeln, die sich wiederum in künstlerischen Kompositionen niederschlagen könnten.

Ein halbes Jahr später leitete die junge Frau im Münchener Gesundheitspark einen Malkurs für Laien und war vollauf beschäftigt mit den Vorbereitungen dazu, so dass sie kaum mehr Zeit hatte, über ihren Seelenzustand nachzugrübeln, was ihr enorm guttat. Ihr Selbstbewusstsein hatte sich erholt. Ein psychotherapeutischer „Frontalangriff" auf ihre einstigen Symptome hingegen hätte diese im Brennpunkt ihrer Aufmerksamkeit und damit lebendig erhalten.

Ein hilfreiches Rezept

Ich habe dargelegt, dass sich eine falsche oder ins Negative verzerrte subjektive Situationseinschätzung nicht nur über Informationszuwachs, sondern auch über Impulse zur Stärkung der Selbsttranszendenz korrigieren und positivieren lässt. Ziehen wir ein letztes Mal unsere Metapher von den Schlittschuh laufenden Kindern heran und widmen wir uns jetzt dem zweiten „Zwischenfaktor" im Stressverarbeitungsmodell von A. Lazarus. Welche Bewältigungsmöglichkeiten stehen jemandem in einer Belastungssituation zur Verfügung? Angenommen, ein Kind ist im Eis eingebrochen und muss versuchen, sich herauszuziehen oder sich wenigstens über Wasser zu halten, bis Rettung kommt. Was hilft ihm? Sicher nicht die Gewissheit, unterzugehen. Sicher nicht der Horror vor dem Tod. Auch nicht ein grimmiges Hadern mit dem Schicksal, das ihm übel mitgespielt hat. Resignation, Furcht und ohnmächtiger Zorn sind keine Stützen, wenn es um das Überleben geht. Das Kind braucht seine Energien für die körperlichen Anstrengungen und darf nicht Energien für seelische Panikausbrüche verschwenden. Ähnliches sehen wir bei Kranken, die ihre gesamten Kräfte für die körperliche Regeneration benötigen und nicht zusätzlich durch ein seelisches Tief eingeschränkt sein sollen. Was kann also die psychische Verfassung in einer akuten Notsituation stabil erhalten?

Das Rezept ist einfach; schwierig ist nur, seine „Zutaten" zu beschaffen: nämlich eine große Portion Vertrauen und – nicht zuletzt – eine kleine Portion Humor. Wenn sich das Kind z. B. innerlich denken kann: „Na, das ist eine einmalige Gelegenheit, zu beweisen, wie gut ich schwimmen kann! Außerdem war ein Bad sowieso längst überfällig, obwohl ich es mir ein wenig wärmer gewünscht hätte ...", wird ihm das eher helfen, über Wasser zu bleiben und zu überleben.

Ein mir bekannter Arzt, der zwei Herzinfarkte knapp überstanden hatte, was entsprechend traumatisierend war, und der zudem unter Herzrhythmusstörungen litt, verriet mir einst seinen „Trick", mit dem er es vermied, sich bei spürbaren Pulsschwankungen in eine Panik hineinzusteigern, die den nächsten Infarkt sogar hätte auslösen können. Er sagte in solchen Augenblicken zu seinem Herzen: „Mein Schatz, du darfst dich gerne austoben! Ich erlaube dir ausnahmsweise eine Extratour, aber bitte sei so nett und erinnere dich bei Zeiten daran, wieder deine regelmäßige Arbeit aufzunehmen!"

Obwohl solche Techniken absurd erscheinen, helfen sie doch, sobald der geringste Schimmer eines Lächelns durch die Sinne des Betreffenden huscht. Es ist die der menschlichen Fähigkeit zur Selbsttranszendenz verwandte *Fähigkeit zur Selbstdistanzierung* (Frankl), die es ermöglicht, sich einer verqueren Sachlage just mit einem lächerlichen (= zum Lächeln anregenden) Späßchen zu stellen, anstatt sich ihr „kommentarlos" unterzuordnen. Vor allem bei Ängsten, die überflüssig sind, weil keine realistische Gefahr droht – wie es im Beispiel mit der eingebrochenen Eisdecke keineswegs der Fall ist, dafür aber bei dem Kind, das verschüchtert am Ufer kauert, während die anderen Kinder jauchzend Schlittschuh laufen –, ist neben dem Vertrauen der Humor das beste Therapeutikum. Darauf baut im Prinzip die logotherapeutische Methode der *Paradoxen Intention* auf.

Die praktische Anwendung dieses Rezepts

Zu ihrer Veranschaulichung möchte ich, wie angekündigt, von den Übungen berichten, die ich mit meinem „Schreibkrampf-Patienten" durchgeführt habe und die bereits erste Erfolge gezeitigt hatten, als er mittels „Dereflexion per Zufall" schlagartig gesundete. Ich gab ihm Papier und Bleistift und forderte ihn auf, unter meinen gestrengen Blicken einen Text mit der festen Absicht zu schreiben, exakt bei jedem vierten Wort zu krampfen. Er solle sorgfältig mitzählen, um ja kein Viertwort irrtümlich krampffrei niederzulegen. Er sollte sich demnach ausgerechnet dasjenige vornehmen und innerlich herbeiwünschen, was er bislang gefürchtet hatte: die Schreibhemmung. Der Mann reagierte auf diese Instruktion mit Skepsis. Es kam ihm widersinnig vor, absichtlich krampfen zu wollen, doch ich redete ihm zu, meinen Vorschlag unbeirrt auszuprobieren.

Als er fünf Worte komplikationslos zu Papier gebracht hatte, erinnerte ich ihn sanft daran, dass bereits ein Schreibkrampf fällig gewesen wäre. Nach weiteren fünf problemlos geschriebenen Worten schüttelte ich unwillig den Kopf und insistierte, dass er meine Anweisung beachten solle. Doch während der ganzen Textniederschrift krampfte seine Schreibhand kein einziges Mal. Nach Beendigung der Übung schaute er mich perplex an und murmelte, er verstehe nicht, wieso er so flüssig zu schreiben vermocht hatte. Das Rätsel war schnell aufgeklärt. Allein seine überproportionale Angst vor dem Symptom hatte das Symptom ausgelöst, und ohne Angst gab es eben auch kein Symptom. Angst aber konnte er in dem Fall, dass er einen Schreibkrampf absichtlich herbeiführen wollte, nicht gut haben, denn Furcht und Wunsch heben sich in ihrer Unvereinbarkeit gegenseitig auf. „Die Furcht verwirklicht, was sie fürchtet. Nicht anders jedoch als die Furcht verwirklicht, wovor sie sich fürchtet, verunmöglicht der forcierte Wunsch, was er intendiert", begründete Frankl dieses seltsame Phänomen. Je häufiger es jemandem gelingt, aus einer gesunden geistigen Selbstdistanz heraus eigene Überängste übertrieben und humorvoll zu parodieren, desto seltener treten deren Inhalte auf, und desto mehr Vertrauen in die eigenen Fähigkeiten kehrt zurück.

Eine überflüssige Angst behält ihre Macht nur so lange, als verbohrt gegen sie angekämpft oder entsetzt vor den mit ihr assoziierten Gelegenheiten geflohen wird. Kann im Unterschied dazu spöttisch auf sie zugegangen werden, und kann ihr „Drohmittel", dessen sie sich bedient, verulkend in Kauf genommen werden, verliert die Drohung ihre Wirkung, und die Angst ihre Macht. Diese Methode kann allen Menschen empfohlen werden, die sich wegen Dingen aufzuregen pflegen, die der Aufregung nicht wert sind, zum Beispiel wegen Prüfungen. Wer augenzwinkernd bereit ist, mit strahlender Miene und lautstarkem Gepolter durch die Prüfung zu fallen, steigert sich nicht Hals über Kopf in eine Panikstimmung hinein. Der Humor treibt einen Keil zwischen die geistige Person eines Menschen und dessen psychische Schwäche; er spaltet das emotional Übertriebene „gegenübertreibend" ab und legt dadurch Energiepotenziale aus dem heilen Bereich der Persönlichkeit frei, die bestens ausgerüstet sind, mit den tatsächlichen Schwierigkeiten des Lebens fertigzuwerden.

Zwei Arten von Reichtum

Eine Abhandlung über Stressverarbeitung bliebe unvollständig, würde in ihr nicht auch jener Sachverhalte gedacht, die sich mittels keinerlei Aktionsstrategie verändern lassen. Um unsere Metapher ein allerletztes Mal zu strapazieren, könnten wir sagen, dass sich ein Kind, dem mitgeteilt wird, dass das Eis des Teiches vorläufig zum Schlittschuhlaufen zu dünn ist, und das deshalb darauf verzichten muss, in einer solchen Lage befindet. Es kann nichts tun, damit das Wasser schneller gefriert, und muss sich in Geduld fassen. Ein Großteil unserer Lebensbedingungen ist ähnlich festgelegt, ob sie uns gefallen oder nicht. Wählen können wir dann einzig unsere Einstellung zu ihnen. Diese allerdings hat einen massiven Einfluss auf unsere Gesundheit.

Im Buch „Das Lächeln der Auguren" von Franz Flössner steht folgender Aphorismus: „Es gibt zwei Arten von Reichtum: Viel haben oder wenig nötig haben." Dieser Satz ist auf das Lebensglück schlechthin anwendbar. Fühlt sich jemand vom Glück benachteiligt, hat er immer noch die Chance, zu seiner Zufriedenheit „wenig Glück nötig zu haben", was unter Umständen das kostbarere Gut ist, weil es ihn vom Wechselspiel des Zufalls unabhängiger macht. Seelisch stabil erhaltende Einstellungen sind meistens solche, die „wenig Glück nötig haben", weil sie auch auf unangenehme und unvermeidliche Vorfindlichkeiten noch eine konstruktive Antwort wissen.

In diesem Zusammenhang möchte ich ein Detail aus meinen therapeutischen Gesprächen mit der „Minderwertigkeitskomplex-Patientin" nachtragen. Sie, die sehr belesen war, hatte die damals hochaktuellen Bücher zur „Midlife-Crisis" durchstudiert. Prompt erwähnte sie, dass sie sich vor dem Heranrücken der 40er-Jahre fürchte und dem Älterwerden mit großem Unbehagen entgegenblicke.

Um ihr eine positive Einstellung zum unabänderlichen Sachverhalt des Älterwerdens nahezulegen, entgegnete ich: „Nun, Sie haben sich stundenlang bei mir beklagt, dass Sie zurzeit nur die Rolle eines ‚Hausmütterchens' innehaben und nicht voll Ihren eigenen Ambitionen wie etwa dem künstlerischen Werken nachgehen können, weil Sie durch Ihre Mutterpflichten ans Haus gebunden sind. Ich stimme Ihnen zu, dass ein achtjähriges Kind zwangsläufig den Aktionsradius einer verantwortungsbewussten Mutter begrenzt. Doch bedenken Sie: Wenn Sie älter werden, wird auch Ihr Sohn älter – und selbstständiger. Und je selbstständiger er wird, desto mehr Freiraum gewährt sich Ihnen. Wenn Sie erst einmal in die 40er-Jahre kommen, ist Ihr Sohn schon beinahe erwachsen, und Sie sind Ihrer Pflichten ihm gegenüber weitreichend entbunden. Genießen Sie also die Erfüllung in der Mutterschaft, solange Ihr Sohn noch jung ist, aber freuen Sie sich zugleich auf Ihre Zukunft, die spannende Entfaltungsmöglichkeiten für Sie bereithält, weil Sie mehr Zeit für Ihre eigenen Interessen haben werden!"

Spontan erwiderte die Frau: „Das ist wahr. So gesehen freue ich mich wirklich auf die Zukunft, denn ich erträume mir manches, das sich leichter bewerkstelligen lässt, wenn unser Bub älter geworden ist." Sie hatte begriffen, was Frankl in dem schönen Satz ausgedrückt hat: „Wer sich der Torschlusspanik hingibt, der vergisst, dass sich neue Tore öffnen, während sich die alten schließen."

Angesichts von unveränderbaren Lebensbedingungen muss man mehr denn je dem Wunder Raum geben. Es blüht mit Vorliebe an öde geglaubten Orten auf ...

Die Mahnung von der Van-Swieten-Tagung

Wo immer wir Psychotherapeuten Patienten haben, die gefangen in Selbstmitleid und Egozentrierung, distanzlos gekettet an unnötige Ängste und Schwächen und erstarrt in einer unversöhnlichen Einstellung zum Schicksal sind, dort ist höchste Alarmstufe geboten, denn dort werden Notsignale gesendet, die einem SOS-Ruf in Lebensgefahr gleichkommen. All diese Verfangenheit verunmöglicht überdies harmonische Beziehungen zu den Mitmenschen, denn niemand hält es mit Egozentrikern, Panikern oder notorischen Pessimisten längerfristig aus. Liebesentzug ist der sichere Lohn, den solche Patienten generell einheimsen. Ob sie aufgrund von schon früher erfahrenem Liebesentzug so geworden sind, wie sie sind, ist ungewiss, aber selbst wenn, hilft ein Spekulieren darüber nicht weiter. Das Schuld-Abwälzen auf Mutter, Vater und Ahnen hält lediglich die Verbitterung am Köcheln.

Es bedarf eines feinen Fingerspitzengefühls, solche Patienten aus ihren Verstrickungen und Arretierungen herauszuholen. Dazu gehört es, immer wieder an ihre *Trotzmacht des Geistes* (Frankl) zu appellieren und aufzuzeigen, dass es an ihnen liegt, ihren bisherigen Haltungen eine diametrale Wende zu geben. Das „Verrückte" ist, dass lediglich ein freiwilliger und durch keine Kausalität abgesegneter *Liebesvorschuss* den permanenten Schmerz des Liebesentzuges einbremsen kann. Liebesvorschuss im weitesten Sinne gemeint als: Liebe zum Dasein, zur Umwelt, zu den Gefährten des Lebensweges.

Deshalb ist es nicht automatisch das Beste, mit Patienten vorrangig über ihre Probleme zu sprechen. Kann sein, dass man sie dadurch an ihre Probleme schmiedet! Oft ist es besser, an ihren Problemen vorbeizuagieren und unermüdlich verschüttete heile Anteile ihrer Persönlichkeit freizuschaufeln. Die psychophysischen Defizite machen die Ganzheit eines Menschen nicht aus. Solange Bewusstsein vorhanden ist, ist die Geistigkeit einer Person bei allen Abläufen mit involviert, und *Geistiges lässt sich nicht knechten, Geistiges kann sich nur selbst unterwerfen*. Wem aber unterwirft es sich? Quem servas – wem dienst du, o Mensch? Deinen psychophysischen Defiziten? Wo eine geistige Person beginnt, sich von ihren Defiziten geistig zu distanzieren, ihren eigenen Liebeshunger zu transzendieren und sich auf selbst ausgestrahlte Liebe im weitesten Sinne einzulassen, dort ist ihre „Lebensgefahr“ (die Gefahr eines verunglückenden Lebens) gebannt, egal, welche frühen Lieblosigkeitserfahrungen in ihre Psyche eingemeißelt sein mögen. Die alten Schäden werden von neuen Sinnerfahrungen überwachsen.

Als Franz Flössner in seinem Aphorismenbüchlein schrieb: „Im Gegensatz zum Körperlichen gibt es auf geistigem Gebiet ansteckende Gesundheit“, dachte er wohl nicht an die Gilde der Psychotherapeuten. Und doch ist es genau das, was von ihr erwartet wird: ihre Schützlinge mit geistiger Gesundheit anzustecken. Dass dafür erlernte Methodenrepertoire und Gesprächsführungsschemata nicht ausreichen, legte Frankl bei einem Vortrag auf der Van-Swieten-Tagung 1969 dar und ermahnte sein medizinisch geschultes Auditorium mit folgenden Worten:

> „Improvisieren müssen Sie auch in der Psychotherapie, nicht nur individualisieren von Mensch zu Mensch, sondern auch improvisieren von Stunde zu Stunde, und das ist eine Kunst:

> die Kunst der Improvisation. Und in eben diesem Maße ist Psychotherapie immer *mehr* als Technik, nämlich indem sie notwendigerweise auch ein Stück Kunst in sich bergen muss. Und gleichermaßen ist sie immer *mehr* als bloße Wissenschaft, in dem Maße, in dem sie auch ein Stückchen Weisheit in sich bergen muss. Und selbst Kunst und Weisheit würden nicht kompensieren können, was reine Wissenschaft und bloße Technik nicht zu offerieren vermögen, wenn da nicht die *Menschlichkeit* mit in die Waagschale geworfen würde."

Was in der Psychotherapie zählt, ist der Glaube an den heilen Personenkern im Kranken.

Die Mauser eines „hässlichen Entchens"

Ich hatte einst einen ätiologisch interessanten Fall. Es handelte sich um zehnjährige Zwillinge, von denen einer wegen seiner Tüchtigkeit von der Mutter bevorzugt wurde, während der andere eher unbeholfen war und vernachlässigt wurde. Die Mutter erwies sich in der Erziehungsberatung als wenig kooperativ. Wir nahmen den abgelehnten Zwilling in eine heilpädagogische Einzeltherapie auf, um sein Selbstvertrauen zu stärken und ihm Übungen zur Verbesserung seiner Psychomotorik beizubringen. Eines Tages wandte sich der Junge an unsere Heilpädagogin und fragte sie: „Bitte können Sie nicht auch meinem Bruder helfen? Der macht jede Nacht ins Bett und spürt es nicht, und die Mutti ist so traurig darüber!"

Der bevorzugte Junge nässte ein, der ungeliebte nicht! Wie stimmt dies mit der verbreiteten Hypothese überein, dass nächtliches Einnässen ein „Weinen nach unten" sei? Aber noch etwas anderes bewegte uns. Der abgelehnte Junge zeigte ein hohes soziales Verständnis und Einfühlungsvermögen; er bat um Unterstützung für seinen „Konkurrenten", er wollte die Mutter fröhlich sehen, jene Mutter, die ihn links liegen ließ! Sein Bruder dagegen, der „Star im Hause", wäre nie auf die Idee gekommen, etwas für jemand anderen zu erbitten. Und auch die Mutter hatte nicht die Offenheit besessen, uns das Problem des bevorzugten Kindes einzugestehen, sie hatte immer nur die negativen Seiten des benachteiligten Kindes aufgezählt.

Die konstitutionellen (und bei eineiigen Zwillingen identischen) Veranlagungen des Menschen spielen für seine Entwicklung eine wichtige Rolle. Dazu gesellen sich die familiären und gesellschaftlichen Einflüsse, zufällige Ereignisse und gesundheitliche Daten, die wie in einem unentwirrbaren Netz miteinander verwoben sind. Das alles ist jedoch nie „die ganze Geschichte vom Menschen". In den inneren Stellungnahmen zu sich und zur eigenen Position in der Welt formt sich der Mensch ein Stück weit selbst. Der vernachlässigte Zwilling hat sich von den zweifellos bedrückenden Vorprägungen seiner frühen Kindheit freigestrampelt, hat ihnen gegengehalten und sich zu einer „dennoch" liebenswerten Persönlichkeit geformt. Dazu kann man ihm nur von Herzen gratulieren! Wir wollen dem im Kontrast dazu bevorzugten Zwilling keinen Vorwurf machen, dass er seinem Bruder charakterlich hinterherhinkte, aber eines ist sicher: *Wenn* er „nach unten weinte", dann über sich selbst.

Der weitere Verlauf der heilpädagogischen Behandlung, in die wir anschließend beide Brüder einbezogen, gab unserer Auffassung recht. Der tüchtige, von der Mutter hochgeschätzte, hatte noch einen dornigen Weg vor sich – das „hässliche Entchen" dagegen mauserte sich zum „weißen Schwan".

Wie recht hat doch die Logotherapie, wenn sie bestreitet, dass der Mensch den ihn prägenden Einflüssen aus Erbe und Erziehung ausgeliefert sei. Nein, er ist keine Mixtur aus Geninformationen und Lerninhalten. Im Menschen liegt etwas, das nicht von dieser Welt ist.

Die Erforschung eineiiger Zwillinge, die von jeher die Aufmerksamkeit der Wissenschaftler geweckt hat, hat uns „Psychovolk" äußerste Vorsicht mit Wenn-dann-Konstruktionen gelehrt. Erstens ist nicht jedes seelische Krankheitssymptom typisch für eine erlittene Demütigungs- und Beschämungsphase. Zweitens führt nicht jede erlittene Demütigungs- und Beschämungsphase zu symptomatischen Krankheitsfolgen (siehe o.g. Zwillingspärchen). Frankl meinte überhaupt, dass Konflikte, Probleme und Traumen *nicht die Ursache* einer neurotischen Entgleisung sind, sondern dass sie in Anamnesen nur deshalb so vielfältig und häufig auftauchen, weil es sich bei den betreffenden Patienten um von Angst und Gram beherrschte Personen handelt, deren Überbesorgtheit und Kümmernis *bereits die Wirkung* einer neurotischen Entgleisung ist. Er verglich lebensgeschichtliche Traumen sogar mit einem Riff, das bei stimmungsmäßiger Ebbe sichtbar wird, aber deswegen noch lange nicht die Ursache der Ebbe ist. Die Ebbe, das seelische Tief, das die diversen Unebenheiten des Meeresbodens ans Tageslicht fördert, ist nach Frankls Auffassung in Wirklichkeit oft ein geistiges Tief, ein „existenzielles Vakuum", nämlich ein Leben, dessen Sinn infrage steht. In dieses „existenzielle Vakuum" hinein wuchert dann die neurotische Exaltierung.

Anlass zum Ärger oder zur Freude?

Eine Frau beschwerte sich im Beratungsgespräch, dass sie beruflich furchtbar überlastet und einem Nervenzusammenbruch nahe sei. Ihr Chef sei in Urlaub gefahren und habe zuvor die gesamte Arbeit auf sie abgewälzt, obwohl genügend Mitarbeiterinnen da seien, die ebenfalls Teile des Arbeitspensums hätten übernehmen können. Aber anscheinend habe der Chef es speziell auf sie abgesehen ...

Nun, jammern und hinter jemandes Rücken schimpfen ist wenig fruchtbar. Man „jammert's sozusagen nicht weg", was einen da ärgert. Entweder setzt man sich ehrlich und fair mit dem Verursacher des Ärgers auseinander, oder man prüft eine Akzeptanz des Geschehens. Da der Chef der Patientin auf Urlaub und für längere Zeit nicht erreichbar war, verhalf ich der Patientin zu einer kleinen Interpretationskorrektur. Ich erkundigte mich, ob es sich um betriebswichtige Arbeiten handelte, die ihr übertragen worden waren, und sie bestätigte dies. Daraufhin fragte ich sie: „Könnte es sein, dass Ihr Chef zu Ihnen und zu Ihren Fähigkeiten am allermeisten Vertrauen hat und deshalb die wichtigsten Angelegenheiten während seiner Abwesenheit *nur in Ihren* Händen sehen wollte, wissend, dass er sich dann im Urlaub keine Sorgen zu machen braucht?“

Die Frau überdachte diesen Aspekt und nickte zustimmend: Ja, das könnte sein. Plötzlich erschien ihr die beklagte Arbeitsbelastung wie ein indirektes Lob ihres Chefs, wie ein Vertrauensbeweis, der sie aus der Menge ihrer Kolleginnen positiv heraushob. Sie verließ die Sprechstunde mit einem leisen Lächeln auf ihren Lippen.

Tatsache ist, dass fast jeder Durchschnittsbürger im Laufe seines Lebens im Verhältnis zu dem von ihm Geleisteten zu wenig Lob und Anerkennung erhält. Wir leben in keiner lobesfreudigen Gesellschaft. Dafür erntet fast jeder ein zu hohes Maß an Kritik und reichlich falsche Unterstellungen bösartiger Motive. Das Misstrauen grassiert. Weil das aber so ist, hat der Psychotherapeut es auszugleichen, indem er Anerkennenswertes bei seinen Patienten akzentuiert, Gelungenes beachtet, Gipfelerlebnisse bewundert und tapfer Durchgestandenes würdigt. Die echt gemeinte Ehrfurcht vor verantworteten, sinnvollen Taten bzw. Unterlassungen unserer Mitmenschen erweckt bei diesen den Willen, auf gutem Kurs zu bleiben, und bestärkt sie rückwirkend darin, dass auch manch unbedanktes Mühen nicht verkehrt war. Vielleicht ist es eines der grandiosesten Werke der Nächstenliebe überhaupt, sich vor den Lebensleistungen unserer Nächsten zu verbeugen.

Der Humor trägt über Abgründe hinweg

In der Frankl'schen Literatur findet sich der Ausdruck *schlechte Passivität,* womit ein inadäquates Flucht- und Vermeidungsverhalten gemeint ist. Man tut dies nicht, man tut jenes nicht, man sagt das ab, man geht dort nicht hin – alles aus Angst vor irgendeiner persönlichen „Niederlage". Aber die Angst holt den Flüchtenden überall ein. Und je öfter sie ihn einholt, desto umständlichere Vermeidungsstrategien werden von ihm ersonnen, desto mächtiger wird seine Angst, und desto näher rückt die nächste „Niederlage". Geht es um vegetative Symptome, reicht allein der Gedanke an sie in angstbesetzter Erwartung, um sie auszulösen.

Ein Zahnarzt mittleren Alters suchte mich wegen eines häufig auftretenden plötzlichen Zitterns seiner Hände auf, für das es keine medizinische Erklärung gab. Er erwog, seine Praxis „hinzuwerfen", denn verständlicherweise ist ein unkontrollierbares Händezittern für einen Zahnarzt keine gute Reklame. An konstitutionellen Faktoren ist zu erwähnen, dass seine Mutter an einem ungewöhnlich starken und früh beginnenden Alterstremor gelitten hatte. Die sonstige Gesamtsituation des Zahnarztes war günstig: Er hatte eine noch florierende Ordination und führte eine glückliche Ehe, der zwei gesunde Kinder entsprungen waren. In den Jahren davor hatte es allerdings einen „Ausrutscher" seinerseits gegeben, nämlich ein kurzes Intimverhältnis mit einer Zahnarzthelferin, das aber rasch beendet worden war.

Trotzdem war in einer psychoanalytischen Behandlung, der sich der Zahnarzt unterzogen hatte, ehe er zu mir kam, diese vergangene Liaison wiederholt erörtert worden; und seine angeblich verdrängten Schuldgefühle darüber waren als tief sitzende Ursache des Zittersyndroms gedeutet worden. Der möglichen erblichen Belastung durch die Mutter war keine Aufmerksamkeit geschenkt worden.

Im Unterschied dazu hielt ich den konstitutionellen Faktor für bemerkenswert, wenn auch nicht im Sinne eines unausweichlichen Erbschicksals, und den Seitensprung für eher irrelevant, weil mir der Patient versicherte, dass die Sache für ihn und seine Frau erledigt und abgeschlossen war. Für gravierend erachtete ich jedoch die *Reaktion des Patienten auf sein Symptom*, die in einem Flucht- und Vermeidungsverhalten bestand. Zum Beispiel nahm er keine Einladungen von Bekannten mehr an, weil er fürchtete, jemand könnte ihn beim Verschütten der Suppe oder eines Getränkes beobachten. Oder er gebrauchte seltsame Vorwände, um in seiner Praxis kein Formular ausfüllen zu müssen, wenn jemand in seiner Nähe war. Zudem griff er vor schwierigen Eingriffen zu Valiumtabletten, um der Arbeit gewachsen zu sein. Damit tappte er geradewegs in eine psychologische Falle. Denn wird einem Symptom durch irgendeine Flucht kurzfristig entronnen, steigt langfristig die Angst vor jeder neuen kritischen Situation an, bei der der „Fluchtweg" zufällig abgeschnitten sein könnte. Tritt das Symptom dann ein, geschieht also exakt, was befürchtet worden ist, schnellt die Angst vor einer künftigen Symptomwiederkehr noch massiver in die Höhe.

Der *schlechten Passivität* stellte Frankl die *rechte Passivität* gegenüber, die den beschriebenen Erwartungsangstmechanismus sprengt und dem verhängnisvollen Fluchtverhalten Einhalt gebietet: Es ist das Ironisieren und/oder Ignorieren des Symptoms. Das Ironisieren gipfelt in der logotherapeutischen Methode der „Paradoxen Intention", und das Ignorieren in der Methode der „Dereflexion".

Den geschilderten Zahnarzt machte ich mit der Methode der „Paradoxen Intention" vertraut. „Hören Sie auf, das Zittern vermeiden zu wollen, denn umso stärker wird es!", erläuterte ich ihm. „Laufen Sie vor dem erwarteten Drama nicht davon, sondern drehen Sie innerlich den Spieß um und ‚packen Sie den Stier bei den Hörnern'. Zittern Sie nach Herzenslust! Zittern Sie mit Genuss! Strengen Sie sich an, allen Leuten ringsum zu zeigen, welch blendender Zitterer Sie sind! Suchen Sie extra Gelegenheiten, um es ihnen zu beweisen! Haben Sie einen unangenehmen Kunden in Ihrer Praxis, dann denken Sie sich innerlich schmunzelnd: ‚Na warte, Bürschchen, dich werde ich sogleich hinauszittern!' Sind Sie bei Freunden eingeladen, wünschen Sie sich heimlich, die ganze Gesellschaft durch Ihr Zittern in Atem zu halten! Müssen Sie ein Formular ausfüllen, wahren Sie das Image des Arztes, indem Sie total unleserlich schreiben! Und seien Sie jedes Mal zutiefst enttäuscht, wenn Ihr Tremor nicht zufriedenstellend ausfällt. Sie werden verblüfft sein, wie schwer es ist, heftig zu zittern, wenn Sie es absichtlich provozieren wollen."

Der Zahnarzt erfasste schnell die Quintessenz dieses absurd klingenden Rates und probierte meine Vorschläge zuerst zögernd, dann immer mutiger werdend aus. Er begab sich in Postämtern oder Restaurants in die Nähe fremder Leute mit dem (paradoxen) Vorhaben, vor ihnen „eine große Zittershow abzuziehen". Bereits nach wenigen Tagen bestätigte er mir: „Ich spüre deutlich den Heilungseffekt Ihrer Methode. Es geschieht tatsächlich nichts: Sobald ich zittern *will*, bleiben meine Hände ruhig." – „Ja", antwortete ich, „und sobald Sie über Ihre aufgebauschten Ängste gründlich lachen können, sind Sie ganz gesund!"

Der Heilungseffekt der Paradoxen-Intentions-Methode kommt dadurch zustande, dass die gefährliche Erwartungsangst zunichte gemacht wird: Was man sich wünscht, kann man nicht zugleich fürchten, und was man nicht fürchtet, tritt nicht furchtbedingt ein. So, wie die Angst vor einem Symptom das Symptom geradezu produziert, so unterbindet der Wunsch nach dem Symptom dessen Entstehung.

Bei der Anwendung dieses Frankl'schen „Kunstgriffes" ist darauf zu achten, dass genau *jenes Ereignis* paradox intendiert wird, das die *größte Angst* eines Patienten hervorruft. Sonst wirkt der „Kunstgriff" nicht, weil im Hinterkopf des Patienten eine andere Erwartungsangst lauert als diejenige, die durch den paradoxen Wunsch eingebremst werden soll. Der erwähnte Zahnarzt hat z. B. anfangs nur vom Zittern gesprochen, welches er panisch fürchtete; eine sorgfältige Exploration hatte jedoch ergeben, dass es nicht eigentlich die Tatsache eines Zitterns seiner Hände war, die ihm Schrecken einflößte. Vielmehr war es das Zittern vor den Augen zusehender Leute, die daraus den Schluss ziehen könnten, er sei für seinen Beruf untauglich, was ihn schreckte. Die „paradoxen Formeln", die er sich vorzusagen hatte, mussten folglich darauf hinauslaufen, sich möglichst vielen Leuten als „der tollste Zitterer der Welt" zu präsentieren.

In Fachkreisen ist eine ähnliche Technik zur Angstreduzierung aus der Verhaltenstherapie bekannt, nämlich die sogenannte *Symptomverschreibung* (Erickson, Lazarus, Watzlawick). Sie hat aber den Nachteil, dass sie zu ernst und zu unerquicklich ist. Denn auch wenn Patienten verstehen, dass es zu ihrem Besten wäre, ein Symptom lange zu repetieren (hier ist nicht von „herbeiwünschen" die Rede), damit es zu einer allmählichen Angstermüdung kommt, fällt es ihnen doch ausgesprochen schwer, diesem Rat zu folgen. Ich glaube nicht, dass der Zahnarzt aus meiner Praxis es durchgehalten hätte, etwa eine Stunde lang vor sich hinzuzittern, bloß um das Fürchten vor dem Zittern endlich sattzuhaben. Und die Gedankenverbindung mit eventuell ihn beobachtenden Zuschauern (die ihn ja besonders aufregte) wäre damit auch nicht zu besänftigen gewesen.

Frankls Therapievariante ist der Symptomverschreibung überlegen (was spätere Kontrolluntersuchungen von Michael Ascher verifiziert haben), weil das befreiende Agens der Paradoxen-Intentions-Methode der *Einsatz des Humors* ist. „Es gibt kaum etwas im menschlichen Dasein, das es dem Menschen so sehr und in einem solchen Ausmaß ermöglicht, Distanz zu gewinnen, wie der Humor", schrieb Frankl dazu. Eben diese Distanz zur eigenen neurotischen Angst ist es, die den Angstneurotiker rettet – ein Lachen über sich selbst bricht den Bann der Angst. Oder wie der Dichter Anselm Feuerbach es ausgedrückt hat: „Der Humor trägt über Abgründe hinweg."

Selbstreflexion und Bodenlosigkeit

Aus meinen Gesprächen mit dem Zahnarzt ist mir ein interessantes Detail in Erinnerung, das noch der Erwähnung wert ist. Er wurde in der Zeit, als er unter seiner Angststörung litt, eines Nachts zu einem dringenden Notfall gerufen und wollte diese Arbeit sofort an einen Kollegen delegieren, weil er sich – so überraschend gefordert und ohne Schutz durch sedierende Tabletten – außerstande fühlte, eine ruhige Hand zu behalten. Doch es stellte sich heraus, dass der Kollege verreist war und niemand für ihn einspringen konnte, und dass der Patient zu verbluten drohte. Da packte der Zahnarzt seine Instrumente und machte sich auf den Weg. Es handelte sich um einen derart schwierigen Eingriff im Kiefer des Kranken, dass der Arzt sich völlig darauf konzentrieren musste und keinen Augenblick lang an seine Ängste denken konnte. Siehe da: Als er endlich fertig war und erleichtert aufatmete, wurde ihm im Nachhinein bewusst, dass ihn gar kein Anflug eines Zitterns gequält hatte, von der ersten Handbewegung der Operation an nicht, bis zur letzten.

Auch dieses Ereignis könnte man (ähnlich wie bei dem Patienten mit der Schreibhemmung) eine „Dereflexion per Zufall" nennen. Man könnte in einer Anspielung auf Karl Jaspers behaupten, dass die in ihrer Aktualität „schreiend" sinnvolle Aufgabe den Zahnarzt aus der Bodenlosigkeit seiner Selbstverstrickung geholt hat (Karl Jaspers: „Wird die Selbstreflexion als psychologische Betrachtung zur Lebensatmosphäre, so fällt der Mensch in eine Bodenlosigkeit ..."[11]). Wobei Karl Jaspers sinngemäß ausführt, der Mensch müsse sich um die Sachen kümmern, nicht um sich selbst, um Gott, nicht um die Gläubigkeit, um das Sein, nicht um das

Denken, um das Geliebte, nicht um das Lieben, um die Leistung, nicht um das Erleben, um die Verwirklichung, nicht um Möglichkeiten – oder vielmehr um das je Zweite immer nur als Übergang und nicht um seiner selbst wegen.

In der liebenden Sorge um die Mitwelt verblasst die Sorge um das eigene Versagen. Das ist auch der Grund, warum in jener Nacht, in der sich der Zahnarzt ohne jede kognitive oder emotionale Abschweifung geistig einzig auf den Notfallkranken ausgerichtet hatte, seine unangenehmen Symptome wie weggeblasen waren.

Mit dieser Erkenntnis hatten wir ein solides Fundament für die Nachbetreuungsphase gewonnen, in der es darum ging, die (mithilfe der Paradoxen Intention eroberte) Angstfreiheit des Zahnarztes zu konsolidieren. Die „dereflektorische" Botschaft war klar: „Kümmern Sie sich nicht darum, was die Leute von Ihnen denken könnten; denken Sie lieber nach, *worum* Sie sich gerne kümmern würden! Konzentrieren Sie sich auf Ihre Interessensschwerpunkte, bilden Sie sich in Ihrer Freizeit weiter, nehmen Sie an Exerzitien teil, treiben Sie Sport, machen Sie Ausflüge mit den Kindern, entwickeln Sie partnerschaftliche Initiativen etc. Öffnen Sie sich zur Welt, die Ihnen und der Sie viel zu geben haben!" Parallel dazu gelang es, den Valiumkonsum des Zahnarztes sukzessive abzubauen und durch Autogenes Training zu ersetzen, so dass die schon beginnende Tablettenabhängigkeit ausgemerzt wurde. Der Patient hat in den darauf folgenden zehn Jahren keinen Rückfall gehabt. Danach trennten sich unsere Wege.

Ein Traumbild als Medizin

Frankl hat sich auch mit *schlechter* und *rechter Aktivität* auseinandergesetzt. Es gibt neben dem eher passiven Flucht- und Vermeidungsverhalten, das bei Angstneurosen eine erhebliche Rolle spielt, verkrampft aktive Verhaltensmuster, die ebenso einer Neurotisierung zuarbeiten. Frankl zählte dazu den „Kampf gegen den

Zwang“ und den „Kampf um die Lust“, zwei Krafteinsätze, die etwas erzwingen sollen, was gerade durch diese „Hyperintention“ (Frankl) außen vor bleibt. Zwangskranke kämpfen vergebens gegen ihre Zwangsvorstellungen an und verstricken sich immer tiefer darin. Sexualgestörte Personen kämpfen verbissen um Erektion oder Orgasmus; Funktionen, die sich der Organismus nicht abpressen lässt.

Dieser *schlechten Aktivität* stellte Frankl wiederum die *rechte Aktivität* gegenüber, die die geistige Konzentration des Menschen auf Höheres lenkt als Zwangsdruckentlastung oder kurzlebigen Lustempfang. Er empfahl seinen Patienten, an ihren Symptomen „vorbeizuagieren“ und auf etwas Wertvolles „hinzuexistieren“. Was man nicht erzwingen will, trippelt oft auf leisen Sohlen herbei, wenn man gar nicht darauf gefasst ist. Zwangsgedanken, links liegen gelassen, verlöschen. Sexuelle Lust glimmt auf in einer Zärtlichkeit, die nichts anderes sein will als Ausdruck inniger Liebe.

Ein Arbeiter griechischer Herkunft wurde von seinem Hausarzt an mich überwiesen, weil seine Magenbeschwerden in einem engen Zusammenhang mit einer psychischen Belastungssituation standen. Der gebildete, sensible, kleine und schmächtige Mann hatte bei einer Baufirma einen Arbeitsplatz inne, auf dem es hauptsächlich auf Körperstärke und physische Ausdauer ankam, die er kaum besaß. Die ihm intellektuell unterlegenen, aber muskulär überlegenen Kameraden hänselten und verspotteten ihn deshalb zu ihrem Vergnügen und bedachten ihn mit hässlichen Schimpfnamen. Einmal war er sogar niedergeschlagen worden. Dieser Zustand grämte ihn, ließ ihn die Abende trübselig verbringen und tagsüber die Berührung mit den Kameraden fürchten, und fand Ausdruck in den Magenschmerzen, die seine Kräfte zusätzlich untergruben.

Meine erste Überlegung galt der Frage, ob der Patient nicht den Arbeitsplatz wechseln sollte, doch es zeigte sich, dass er durch einen günstigen Kredit, den er über die Baufirma erhalten hatte, an diese gebunden war, und dass eine Rückkehr nach Griechenland vorläufig nicht seinen Absichten entsprach. Denn es war sein Lebenstraum, eines nicht allzu fernen Tages ein kleines Haus in Griechenland zu bauen und dort als Stammvater einer zu gründenden Familie einen Wohnsitz für Generationen zu schaffen. Das dafür nötige Kapital konnte er aber nur unter Beibehaltung seines gegenwärtigen Berufes in Deutschland erarbeiten.

Das heißt, zur dispositionell bedingten Sensibilität des Griechen gesellte sich eine zermürbende Drucksituation, was beides kaum zu ändern und dennoch durch die Neigung des Patienten, darauf psychosomatisch zu reagieren, gesundheitsbedrohlich war. Nun wissen wir, dass fast alles ertragbar und aushaltbar ist, wenn nur ein Sinn darin gesehen werden kann: ein Wozu. Und für den Patienten gab es solches Wozu! Er hatte es selbst beschrieben: das Haus seiner Träume, seiner zukünftigen Familie; das Haus, für das er bereit war, bis zum Umfallen zu arbeiten.

Ich brauchte nichts anderes zu tun, als ihm dieses Wozu als Stütze im Bewusstsein gewärtig zu halten. Ich tat es, indem ich ihn bat, sein Traumhaus aufzuzeichnen, und zwar auf kleinem Papierformat, damit er die Zeichnung einstecken konnte. Er zeichnete mit rührender Hingabe. Danach riet ich ihm, jedes Mal, wenn er von seinen Kameraden gekränkt worden war, die Toilette aufzusuchen, die Brieftasche hervorzuziehen und seine Hausskizze zu betrachten. Innerlich möge er dabei memorieren, um wie viel klüger er doch sei als jene Kameraden, die ihr Geld teilweise verschleuderten, während er auf ein hehres Ziel sparte, und um wie viel ärmer seine Kameraden seien, die zwar kräftige Muskeln hätten, aber niemals ein wunderschönes weißes Haus am griechischen Strand besitzen würden wie er, sobald sich sein Traum erfüllt haben würde.

Danach sollte er im inneren Dialog noch ein wenig schmunzelnd hinzufügen: „Na los, springt her und plagt mich! Ein hoher Preis lohnt sich für einen hohen Wert, und ich, ich besitze einen solchen Wert, wenigstens in meinen Träumen, während Ihr jämmerlichen Kerle außer dem bisschen Freude, mich zu quälen, kaum etwas besitzt!"

Meine Hoffnung ging auf. Monate nach unseren therapeutischen Gesprächen begegnete mir der Grieche zufällig auf der Straße und sprach mich an. Ich erkannte ihn nicht sofort, bis er die Brieftasche zog und mir sein selbst gezeichnetes Bild vor die Nase hielt. Seine Magenbeschwerden seien zurückgegangen, erklärte er, und er habe es kaum mehr nötig, seinen geheimen Talisman auf der Toilette zu betrachten. Er sei so gelassen geworden, dass seine Arbeitskameraden begonnen hätten, ihn zu respektieren. Seit er sein Los als Preis für sein künftiges Haus akzeptiere, sei es „irgendwie überhaupt nicht mehr schlimm". Ja, es komme ihm vor, als ob er sich manches bloß eingebildet hätte, denn es gäbe durchaus auch nette Kameraden auf der Baustelle, die weniger ordinär seien als die übrigen. Jedenfalls danke er mir sehr, denn die Idee mit dem Bild sei die beste Medizin gewesen, die er je von einem Doktor erhalten habe ...

Details an ihren Platz rücken

Er sei gelassener geworden, hat mein griechischer Patient bezeugt. Das ist das beglückende Resultat paradoxer Einstellungen zu Angst einflößenden Inhalten. „Springt nur her und plagt mich" – mit diesem Gedanken hatte er seine Schultern gestrafft und war erhobenen Hauptes an sein Tagewerk gegangen. Was war geschehen? Die Kameraden hatten begonnen, ihn zu respektieren!

In der paradoxen Einstellung wird ein Stück Urvertrauen praktiziert, bevor es noch wirklich in der Seele etabliert ist, und schon hilft es aus der Krise. Wer zum Beispiel beim Einkaufsbummel wiederholt an der Zwangsidee leidet, er könnte vergessen haben, daheim die Haustüre abzuschließen, und sich daraufhin innerlich vorsagt: „Schön, dann soll sie offen stehen, sperrangelweit offen! Ich erteile sämtlichen Stadtdieben die Erlaubnis, hineinzumarschieren und sich zu bedienen!", der wird gleichsam zur Einsicht gelotst, dass seine Schätze relativ und verzichtbar, weil gegenüber der Unendlichkeit ohne Belang sind. Oder wer, von starken Blamageängsten gepeinigt, mit den grotesken Gedanken jongliert, beim nächsten Freundestreffen den Anwesenden eine riesige Wasserlache vorzuschwitzen, ihnen eine Kanonade unzusammenhängender Wörter entgegenzuschleudern u. Ä., der hat begriffen, dass kein Mensch die höchste Autorität ist. Dem Religiösen mag dabei das Wort von Peter Horten im Ohr klingen, wonach der Mensch nie tiefer fallen kann als in die Hände Gottes.

Der angst- und zwangskranke Patient huldigt einer verzerrten Perspektive, die ihm Details aus der Nähe als unheimlich bedeutend suggeriert und entfernte Zielpunkte in ihrer scheinbaren Unerreichbarkeit als vernachlässigbar winzig. Er verfällt einer „optischen Täuschung" wie ein Kind, das seine Umgebung von einer Turmspitze aus betrachtet und dabei die den Turm umkreisenden Dohlen für Riesenvögel und die Lastwagen auf der Straße für Spielzeugautos hält. Für die Patienten wird das Waschen am Morgen zur umständlichen Zeremonie, das Busfahren ins Büro zur Schrecken erregenden Reise, die peinliche Ordnung am Schreibtisch kostet sie eine Menge Zeit, und ein spitzes Wort der Kollegen bewirkt einen Tränenausbruch – *das* ist die Miniwelt des Neurotikers! Wo soll da Platz sein für das wahrhaft Große und Wertvolle?

Aber die Methode der Paradoxen Intention rückt die Details wieder an ihren Platz. Bei der Morgentoilette soll sich der Kranke bemühen, die „auf seiner Haut sitzenden Bakterien" ja nicht nass zu machen, um sie nicht zu verjagen. Im Bus wird es Zeit für einen kurzen Ohnmachtsanfall, um den versäumten Morgenschlaf nachzuholen. Über den Büro-Schreibtisch soll der Orkan brausen, dass die Bleistifte nur so tanzen! Und die Kollegen werden für ihre „Lästermäuler" mit einer Extraportion Freundlichkeit belohnt. Was sind die tiefgründigen Aussagen solcher „Humoresken"? Wohl die, dass man die kostbaren Minuten seines Lebens nicht mit Unwichtigkeiten vergeuden darf, weil es Wichtigeres gibt, dem der Pulsschlag unseres Seins gehören sollte; Wichtigeres, für das auch das Überströmen unserer Gefühle aufgespart werden sollte. Frankl hat seine Methode einmal „die Restaurierung der gesunden und natürlichen Wertehierarchie des Menschen" genannt und damit eine ihrer besten Definitionen gefunden.

Der versteckte Sinn im Unsinn

Die Paradoxe-Intentions-Methode stößt auf heilsame Weise die innere Zwiesprache des Menschen mit sich selbst an. Wer spricht da mit wem? Nun, erinnern wir uns an Frankls Menschenbild, demzufolge wir uns geistig von unserem Psychophysikum distanzieren können. Die geistige Person, die wir *sind*, kann mit den psychischen Energien und Umtrieben, die sie *hat*, kommunizieren. „Guten Morgen, Griesgram", sagte eine meiner Patientinnen zu ihrer schlechten Laune, wenn sie beim Aufwachen von einer solchen befallen wurde. „Versuche nur nach Kräften, mir den Tag zu vergällen! Wir werden sehen, ob es dir gelingt. Und strenge dich ein bisschen an, denn mit einem schwachen Gegner zu ringen ist langweilig." – „Endlich habe ich einen Grund, mich zu ärgern", sagte sich ein anderer Patient, dem eine Kaffeetasse aus der Hand gerutscht war. „Wie oft in meinem Leben habe ich mich grundlos geärgert! Jetzt kann ich das Ärgern wenigstens richtig genießen, weil es berechtigt ist!" Solche Zwiegespräche mit sich bzw. seinen Gefühlen verunmöglichen auf der Stelle eine negative Stimmung, die sich „anschleichen" will. Ich habe Patienten erlebt, die einzig durch die innere Zwiesprache mit ihrer eigenen Angst angstfrei wurden, etwa nach dem Motto: „Geliebte Angst, wo habe ich dich bloß hingesteckt? Es wäre zu dumm, wenn ich dich verloren hätte, habe ich mich doch schon so sehr an dich gewöhnt ..."

Kann ein Patient noch dazu innerlich lachen, dann lacht er sich schier gesund. „Ich kann nicht mit der Eisenbahn fahren", erklärte mir eine ziemlich korpulente Dame. „Ich muss ständig daran denken, dass ich versehentlich die Waggontüre öffnen und hinausfallen könnte." – „Was haben Sie gegen ein wenig Frische-Luft-Schnappen?", fragte ich sie paradox intendierend. „Außerdem gibt es keine bessere Abmagerungskur als Saltos entlang dem Bahndamm! Gewiss leiden Sie unter Bewegungsmangel. Beim Zugfahren hätten Sie die herrliche Gelegenheit, diesen auszugleichen, indem Sie immer dann, wenn Sie hinausgefallen sind, rasch wieder in den Waggon hineinspringen – dabei würden die überflüssigen Pfunde nur so purzeln!“ Die Frau lachte, und als sie zum nächsten Gespräch kam, lachte sie auch. „Ich bin Eisenbahn gefahren“, prustete sie, „und jedes Mal, wenn ich zur Waggontüre schaute, musste ich an Ihr radikales Abmagerungsrezept denken, da verflog meine Angst ganz von selbst! So ein Unsinn ...“, und wieder lachte sie. Seither hat sie nie mehr Schwierigkeiten gehabt, im Zug zu reisen.

Ein anderes Mal sagte ein arbeitsloser Patient, der mehrere psychotische Schübe hinter sich hatte, aber medikamentös gut stabilisiert worden war, zu mir: „Lohnt es sich für mich überhaupt, eine Arbeit aufzunehmen? Was ist, wenn mich die Psychose erneut außer Gefecht setzt?“ Woraufhin ich antwortete: „Ach wissen Sie, auf die Psychose würde ich mich nicht verlassen. Am Ende lässt sie Sie schmählich im Stich und kommt nicht mehr?“ Lachend über die „untreue Psychose“ bewarb sich der Mann um eine Halbtagsstelle und ist heute angesichts schrumpfender Sozialleistungen froh, sie zu haben.

Wer lacht, lacht über ein Körnchen Sinn im Unsinn, das über die Brücke des Humors leichter zu entdecken und zu begreifen ist als im Ernst einer gefürchteten Situation. Die geschilderte Patientin hat aus meinen „unsinnigen“ Worten herausgelesen, dass sie nicht aus dem Zug fällt, wenn sie nicht hinausfallen *will*. Ebenso hat der arbeitslose Patient im Spaß verstanden, dass es darum geht, die gesunden Zeiten seines Lebens zu nützen. Selbst wer über einen gewöhnlichen Witz lacht, lacht nicht über ein sinnloses Wortgefüge, sondern über einen darin versteckten „Sinn im Unsinn“, was die Formulierung zeigt, dass man eine Pointe „versteht“ oder eben „nicht versteht“. Wer folglich seine Symptome auslacht, „versteht“, sich über sie zu erheben – auf den Flügeln des Geistes, der in seiner Integrität unberührbar ist von den Qualen und Irrwegen der Psyche, wenngleich wir Menschen nur begrenzt seiner teilhaftig sind.

Wertehierarchie und Entscheidung

Das Wort von der „Restaurierung der gesunden und natürlichen Wertehierarchie" ist gefallen. Dem sind einige Überlegungen anzufügen, weil viele Menschen sich bezüglich ihrer Wahlmöglichkeiten und Wertehierarchien im Unklaren sind.

Nehmen wir an, ein Mann hat an seinem Arbeitsplatz einen cholerischen Vorgesetzten, der ihn im Affekt öfters ungerecht behandelt. Der Mann fragt sich, ob er dem Vorgesetzten dann Paroli bieten soll, um nicht mit der Zeit die Selbstachtung zu verlieren, oder ob er den Mund halten soll, um nicht seinen Arbeitsplatz zu verlieren.

Der Protest, das Aufbegehren ist nicht fraglos die optimale Lösung, obwohl von psychologischer Seite häufig dafür plädiert wird, um keinen „Gefühlsstau" zu riskieren. Doch was nützt eine „Gefühlsabfuhr", wenn nachher alles in Scherben liegt? Beim Abwägen einzelner Wahlmöglichkeiten sollte stets diejenige erwählt werden, die dem „gerade höchsten" Wert aus dem eigenen Wertsystem zugehört, weil man eben nur für einen hohen Wert gewillt ist, auch einen hohen Preis zu zahlen. Wer aber bestimmt, was der „gerade höchste Wert" eines Menschen ist? – Nicht die Willkür, sondern der Sinn des Augenblicks (Frankl).

Jedes persönliche Wertsystem ist, wenn es dem Menschen gemäß ist, reich und bunt. Es umfasst Personen und Dinge, Kultur und Natur, Musisches und Soziales. Doch zwischen den als wertvoll erachteten Lebensinhalten oszilliert der jeweilige Sinn des Augenblicks und zeichnet die *Aktualität* der Werte aus. Jemand kann ein begeisterter Cellospieler sein, und dennoch empfiehlt ihm der Sinn des Augenblicks, das defekte Wasserrohr zu reparieren, aus dem es auf den Küchenboden tropft. Der Wert der Wohnung steht nicht generell über dem Wert der Musik, er ist nur „gerade an der Reihe", den Dienst und die Achtsamkeit des Betreffenden einzufordern.

Zurück zum Beispiel des Mannes mit dem cholerischen Vorgesetzten. Soll er meutern? Soll er dulden? Vielleicht hat er einen Sohn, der noch studiert und auf die finanzielle Unterstützung durch den Vater angewiesen ist. In diesem Fall bedeutet der Erhalt des Arbeitsplatzes für den Vater einen hohen Wert, welcher ganz aktuell ist. Das befreiende Erlebnis, sich beim Vorgesetzten beschwert zu haben, ist dagegen Nebensache. Vielleicht aber ist es anders. Vielleicht ist der Mann ungebunden und unternehmungslustig und kann ziemlich leicht einen neuen Job finden. Dann ist es für ihn durchaus „höchste Zeit", dem unfairen Verhalten seines Vorgesetzten Grenzen zu setzen.

Der Mann wird bei seiner Entscheidung ein gutes Gefühl haben, wenn er aus einer inneren Stärke heraus entscheidet. *Für* den Studienabschluss des Sohnes, *für* die Gerechtigkeit im Betrieb ... Immer wird er irgendetwas dabei einstecken müssen, seien es weitere Demütigungen, seien es bittere Auseinandersetzungen oder gar der Arbeitsplatzverlust; allein, das Wissen um den hohen Wert, *für den* er handelt, wird ihm seelische Tragkraft verleihen. Im Unterschied dazu wird er ein ungutes Gefühl haben, wenn er aus einer inneren Schwäche heraus entscheidet. Wenn er etwa von einem plötzlichen Aufwallen seines Zornes hingerissen aufbegehrt, ohne die Folgen zu bedenken, oder wenn er sich aus purer Feigheit der Tyrannei beugt.

Lernen wir daraus, dass nicht jeder unserer Werte jederzeit „an der Reihe" ist, verwirklicht zu werden. Die Tugenden der Selbstbeherrschung und Abstinenzeinübung gelten auch mit Blick auf unsere Werte. Der Sinn des Augenblicks ordnet sie im Wechsel hierarchisch, und nur unsere innerste Gewissensstimme ist imstande, diese Ordnung nachzuempfinden. Vernachlässigen wir sie, werden wir unsere Entscheidung eines Tages bereuen, weil wir unseren Preis für Zweit- oder Drittrangiges gezahlt haben, während Erstrangiges auf der Strecke geblieben ist.

Gelegentlich kommt es vor, dass sich in der aktuellen Hierarchie zwei Werte als praktisch gleichrangig präsentieren. In solchen Fällen verlangt der Sinn des Augenblicks einen Kompromiss, der beide Werte berücksichtigt. So wäre es im genannten Beispiel denkbar, dass der gemobbte Mann die Entscheidung trifft, zu einem günstigen Zeitpunkt mit seinem Vorgesetzten ruhig und sachlich zu reden und ihn um mehr Beherrschung und Verständnis für die Lage der Arbeitnehmer zu bitten. Ein Kompromiss, bei dem er nicht sämtliche Beleidigungen schlucken würde und trotzdem keine Entlassung zu befürchten hätte. Derlei Kompromisse sind echte „Kunstwerke“, vorausgesetzt, dass es keine „faulen Kompromisse“ sind, das heißt, dass sie dem Wunsch zur Versöhnlichkeit entquellen und nicht einem Sich-drücken-Wollen vor klaren Positionen.

Den Anruf der Transzendenz abhören

Es soll nicht geleugnet werden, dass es leider Entscheidungsnöte zwischen zwei oder mehreren *miserablen* Alternativen gibt, zwischen denen man sich elend hin- und hergerissen fühlt. Auch kann es sein, dass sich in einem krassen Zwiespalt gar keine Kompromisslösung abzeichnet. Für Frankl trat ein solches Dilemma auf, als er Anfang 1940 wählen musste zwischen der Chance, aus einem judenfeindlichen Land zu entkommen und (seine alten Eltern ihrem Schicksal überlassend) in die USA zu emigrieren, oder in Wien bei seinen Eltern auszuharren in der – wie er nicht wissen konnte falschen – Annahme, sie dank seiner (damals noch) ärztlichen Position vor einer Deportation schützen zu können. In solchen menschliche Voraussicht überstrapazierenden Dilemmata gibt es nur eines: darauf hoffen, dass sich die sinnvollste Entscheidung „irgendwie" weist. Vielleicht mit einem Zeichen, vielleicht im Traum, vielleicht durch eine zufällige Bemerkung, vielleicht in der Körpersprache. Für Frankl war es ein am Platz der niedergebrannten Synagoge zufällig gefundenes (von der Dekalogtafel abgesplittertes) Marmorsteinchen mit einem Buchstaben aus dem vierten Gebot, das ihm den Weg wies. Entscheidungskonflikte lassen uns nicht ruhen, bis wir entdeckt haben, „was gemeint ist" (vgl. dazu den englischen Satz: „Meaning is what is meant").

Ich habe einen Mann gekannt, der mit schweren Depressionen in einer Nervenklinik lag und auf keinerlei Therapie ansprach. Bei der Erhebung der Vorgeschichte kam zutage, dass seine Frau 15 Jahre zuvor einen Autounfall gehabt hatte und seitdem pflegebedürftig war. Sie musste gewaschen, gefüttert und auf die Toilette gehoben werden und konnte sich kaum selbst behelfen. 14 Jahre lang hatte der Ehemann sie neben seiner täglichen Arbeit zu Hause gepflegt und betreut. 14 Jahre lang hatte er auf viele Freuden verzichtet, z. B. auf Urlaubsreisen und längere Ausflüge, und seine ganze Freizeit der Frau gewidmet. Doch 14 Jahre lang war der Mann gesund geblieben.

In dieser Zeit hatten Freunde und Verwandte ihn zu überzeugen versucht, dass er sein eigenes Leben vergeude, ohne dass seiner Frau damit sonderlich gedient sei, und dass es das einzig Vernünftige wäre, sie in ein Pflegeheim zu geben, wo sie entsprechend versorgt würde. Er solle doch sein Leben noch genießen, was mit dem „Ballast" seiner kranken Frau nicht möglich sei. Nach 14 Jahren hatte sich der Mann dem wohlmeinenden Drängen seiner Freunde unterworfen und seine Frau extern untergebracht – kaum ein Jahr später war er in die Nervenklinik eingeliefert worden.

Verschiedene Therapeuten bemühten sich um ihn, und nicht wenige Medikamente wurden ihm verordnet, doch nichts konnte sein Desinteresse an der Welt und am Leben lichten. Es war, als habe der Mann eine Mauer um sich herum errichtet. Bald lautete die einhellige Auffassung seiner Therapeuten, dass er durch das 14-jährige Gekettetsein an eine pflegebedürftige Frau und durch seine diversen (auch sexuellen) Enthaltungen so schwere seelische Schäden davongetragen habe, dass er kein normales Mitglied der menschlichen Gesellschaft mehr werden würde. „Er hat die Frau zu spät abgegeben", hieß es allerorts.

Als ich mit dem Mann ins Gespräch kam, was völlig ungeplant anlässlich eines privaten Klinikbesuchs von mir geschah, gewann ich in kürzester Zeit die Vorstellung, dass der Mann an einem entsetzlichen Wertekonflikt leide, den er *entgegen* dem Rat seines Gewissens entschieden hatte. Diese Vorstellung stieg in mir deshalb auf, weil er zu keinem anderen Thema ansprechbar war als zum Thema „seine Frau". Ohne Zweifel liebte er sie immer noch. Er schilderte mir ausführlich, wie tapfer sie den Umzug ins Pflegeheim angenommen hatte, und wie sie die Tränen vor ihm verborgen hatte, als er sie dort zum ersten Mal aufgesucht hatte. Ich tastete mich weiter auf der Suche nach sonstigen Inhalten in seinem Leben, aber alle Wertdimensionen waren wie erloschen. Nur das Bild seiner Frau leuchtete in ihm.

Nach dem Gespräch wanderte ich eine halbe Stunde in einem Gang der Klinik auf und ab und rang mit mir. Durfte ich äußern, was ich dachte, durfte ich zu der Entscheidungskorrektur raten, die mir unabdingbar notwendig erschien? Schließlich kehrte ich ins Krankenzimmer des Mannes zurück. „Herr M.", sagte ich zu ihm, „stehen Sie auf, melden Sie sich vom Krankenhaus ab und reduzieren Sie Ihre Arzneien. Holen Sie Ihre Frau wieder zu sich nach Hause. Sie sind nicht geistig oder seelisch krank, sie befinden sich mit sich selbst im Widerstreit, und solange Sie nicht mit sich ins Reine kommen, werden Sie niemals froh werden!" Der Mann sah mich erstaunt an, und langsam stieg etwas Farbe in seine Wangen. Dann erhob er sich, um sich anzukleiden.

Ich habe ihn seither noch zweimal gesehen. Einmal bei ihm zu Hause, wohin er mich einlud. Da sah ich einen vitalen, ausgeglichenen Mann, der geschäftig zwischen dem Wohnzimmer und der Küche hin- und herlief, um Tee und Kekse zu holen, während eine stille, magere Frau, die im Wohnzimmer aufgebettet war, ihn mit zärtlichen Augen verfolgte. Das zweite Mal sah ich ihn im dunklen Anzug, als er vom Friedhof vom Grab seiner Frau kam. Er kam, um zu danken. „Wenn Sie nicht gewesen wären", sagte er zu mir, „wäre mein Leben jetzt zu Ende gewesen. Ich hätte das Gefühl, meine Frau im Stich gelassen zu haben, nie überwunden. Ihr einsamer Tod im Pflegeheim hätte auch mich getötet. So aber ist sie in meinen Armen gestorben, und jetzt – ist es gut."

Dieses Erlebnis ließ mich an die Worte Frankls denken, der einst schrieb:

> „Die Person begreift sich selbst nicht anders denn von der Transzendenz her. Mehr als dies: der Mensch ist auch nur Mensch in dem Maße, als er sich von der Transzendenz her versteht – er ist auch nur Person in dem Maße, als er von ihr her personiert wird: durchtönt und durchklungen vom Anruf der Transzendenz. Diesen Anruf der Transzendenz hört er ab im Gewissen."[12]

In der Tat, wer ihn „hört", für den – „ist es gut".

Narben können ein starkes Gewebe bilden

Nach Frankl gibt es nicht nur eine unbewusste Triebhaftigkeit, sondern auch eine unbewusste Geistigkeit. Während die Grenze zwischen „bewusst" und „unbewusst" fließend und unscharf ist, ist die Grenze zwischen Triebhaftigkeit und Geistigkeit klar und scharf, und ihr Grenzkriterium ist das Verantwortungsbewusstsein des Menschen, das genau dort beginnt, wo er (den Kinderschuhen entwachsend) nicht mehr völlig unter dem Diktat seiner Triebe steht.

Sigmund Freud beschäftigte sich mit der unbewussten Triebhaftigkeit, zu deren „Volumen" er auch sämtliche Verdrängungen rechnete, vor allem verdrängte seelische Injurien und schmachvolle Erfahrungen. Seine Theorie war, dass solche Verletzungen durch Bewusstmachung und nachträgliche Bearbeitung (etwa durch Anklagen der Schuldigen, Hinausschreien der Gefühle etc.) ausheilen könnten. Für ihn war es irrelevant, dass belastende Erlebnisse nicht mehr aus der Welt geschafft werden können – es reichte, sie aus dem Unbewussten hinauszuschaffen.

Erweitert man seine Konzeption um den Aspekt der unbewussten Geistigkeit, werden einige Revisionen nötig. In logotherapeutischer Perspektive ist es ein Irrglaube anzunehmen, dass traumatische Ereignisse ohne Zuziehung des Verantwortungsbewusstseins „aufgearbeitet" bzw. psychisch „erledigt" werden könnten. Ich habe einst in Amerika eine berühmte Rednerin gehört, die dem Auditorium detailliert erklärt hat, wieso sie gegen einen ihrer Nachbarn Hassgefühle empfand. Jener Nachbar erinnerte sie an ihren Vater, der sie in ihren Mädchenjahren gezwungen hatte, ihren Lieblingshasen zum Schlachter zu tragen. Die Rednerin wollte darlegen, dass mit der Erkenntnis, woher ihre aggressive Überreaktion auf den (unschuldigen!) Nachbarn stammte, ihr alter Schmerz ausgestanden sei, aber ich fürchte, dass sie sich einer Illusion hingab. Hätte sie das Leid aus ihrer Kindheit wahrhaftig überwunden gehabt, hätte sie nicht ein halbes Jahrhundert später noch öffentlich vor Hunderten von Zuhörern ihren Vater angeklagt, grausam gewesen zu sein ...

Alle Theorien, die der Idee huldigen, die Nachwehen der Vergangenheit jemals mithilfe psychologischer Mittel ausblasen zu können, sind illusionär. Auch ein kognitives oder emotionales Aufrollen des Gewesenen löscht es nicht aus. Schatten der Vergangenheit sind niemals ganz abzuschütteln und lugen speziell dann hervor, wenn die Umgebung „voller Sonne" ist. Merkwürdigerweise sind es die glücklichen Stunden, die den Hauch der Melancholie neu erwecken. Die fröhlichen Gesichter der anderen, die sprudelnden Worte und einladenden Gesten sind es, die daran erinnern, dass dem nicht immer so gewesen ist. Der Kontrast des Lichtes bringt die Konturen des Schattens besser zur Geltung als das dämmrige Zwielicht eines insgesamt indifferenten Daseins.

Doch vergessen wir nicht: Über die Grenzlinie des menschlichen Verantwortungsbewusstseins steigen wir ein in den geistigen Umgang mit Licht und Schatten. Aus geistig unbewusster Tiefe (oder Höhe?) dringen Signale zu uns. Ein nachhallender Schmerz – haben wir schon die sinnvollste Reaktion auf ihn eingeleitet? Wenn nicht, wäre es nicht Zeit dafür? Ist Hass auf einen unbeteiligten Nachbarn, bloß weil er dem Vater ähnelt, *sinnvoll* ... ist er *verantwortbar*? Ist der eklatante Groll der Rednerin gegen ihren Vater überhaupt *gerechtfertigt*? Und wenn der Hase geschlachtet werden musste? Wenn ihr Vater damals gar nicht bemerkt hat, wie sehr sie an dem Hasen hing? Okay, sei es, dass der Vater einen grausamen Akt gesetzt hat. Was jetzt? Wie wäre es, wenn die Tochter diesen Akt aufwiegen würde mit der empfangenen Behütung zu Hause? Mit der schulischen Förderung, die sie erhalten hat. Mit den Liebkosungen, die sie mit „ihrem" Hasen lange Zeit hat austauschen dürfen. Mit den Geburtstagspartys, die ihre Eltern für sie veranstaltet haben. Mit ..., mit ...

Die erwähnte Rednerin schloss in ihrem Vortrag folgende Begebenheit an: Ein junger Mann kehrte vom Einkaufen heim und fand seinen Vater an einem Herzanfall sterbend vor. Die mit im Haus wohnende Großmutter beschimpfte in ihrem maßlosen Schrecken den Jungen, am Tod des Vaters schuld zu sein. Am Abend zuvor hatte es nämlich eine Auseinandersetzung zwischen den beiden gegeben, was den Vater naturgemäß aufgeregt hatte. Diese Beschuldigung kränkte den Jungen sehr. Einige Tage später wurde er vor einem Supermarkt verhaftet, weil er mit einem geladenen Gewehr auf eine ihm unbekannte alte Dame zielte. Angeblich wusste der Junge nicht, was ihn zu dieser Tat getrieben hatte.

Na, liebe Rednerin, da hast du dir ein illustres Tatmotiv ausgeklügelt! Aber ist das wirklich der Mensch? Der Mensch, der von seinem ins Unbewusste verdrängten Ärger gegen besseres Wissen und Gewissen manipuliert wird, sich ein Gewehr samt Munition zu besorgen und sich vor dem Supermarkt auf die Lauer zu legen, um eine zufällige Großmutter-Identifikationsfigur abzuknallen? Der noch dazu keine Ahnung hat, warum er dies tut? Wenn das nicht eine allzu durchschaubare „Ausrede" wäre, dann wäre es die Kapitulation der menschlichen Geistigkeit schlechthin! Nein, wenn die Geschichte wahr ist, ist der junge Mann ohne Wenn und Aber zur Verantwortung zu ziehen. Er hätte genauso gut gemeinsam mit seiner Großmutter um den Vater weinen können. Er hätte seine eigenen heftigen Worte dem Vater gegenüber bereuen und die heftigen Worte der Großmutter ihm gegenüber großzügig nachsehen können. Er hätte aufgrund des jähen Todesfalles zu der Einsicht reifen können, dass so manche Bagatellen es nicht wert sind, sich vehement darüber aufzuregen und Streitigkeiten vom Zaun zu brechen, oder dass es problematisch ist, Nahestehende unüberlegt zu beschuldigen. Ein großer Erkenntnisgewinn hätte dem Jungen gewunken, statt einem Gefängnisaufenthalt – und er hatte die Wahl.

Leben bedeutet von seinen evolutionären Wurzeln her kein ungestörtes Dahinvegetieren, sondern Plage, Schweiß, Pendeln zwischen Hoffnung und Enttäuschung und Ringen um kluge Antworten auf dumme Zufälle. Wo aber Schweiß rinnt und Enttäuschungen stattfinden, gibt es Blessuren, und wo Blessuren sind, gibt es Narben. Körperliche Verwundungen hinterlassen körperliche Narben, seelische Verwundungen hinterlassen seelische Narben – beide verschwinden nicht einfach von der Bildfläche. Narben bleiben spürbar und sichtbar.

Wenn sie allerdings gut verheilt sind, müssen sie keine Schwachstellen des Organismus bzw. des Gefühlslebens sein. Sie können auch Mensuren der Tapferkeit, Insignien gewonnener oder zumindest überstandener innerer Kämpfe darstellen und von Reifungsprozessen zeugen, die den Charakter des Menschen gefestigt haben. Sie können „starkes Gewebe" bilden, körperlich wie seelisch. Stark auch im Sinne größerer Unabhängigkeit von weltlichen Gütern und erhöhter Sensibilität für die Stimme des Gewissens. Deswegen geht es in der Psychotherapie weniger darum, Leiderfahrungen aufzudecken („Narben aufzukratzen" – sie könnten wieder zu bluten beginnen!) und sie Schuld austeilend aufzuarbeiten, sondern vielmehr darum, sie zu geistigen Kraftquellen umzufunktionieren, aus denen bei unvorhersehbaren Lebenseinbrüchen in Weisheit geschöpft werden kann. Frankl schrieb dazu die schönen Worte:

> „Leiden heißt leisten und heißt wachsen. Aber es heißt auch reifen. Denn der Mensch, der über sich hinauswächst, reift zu sich selbst heran. Ja, die eigentliche Leistung des Leidens ist nichts anderes als ein Reifungsprozess. Die Reifung jedoch beruht darauf, dass der Mensch zur inneren Freiheit gelangt – trotz äußerer Abhängigkeit."[13]

Die Bewältigung eines Traumas

Anhand eines konkreten Beispiels möchte ich demonstrieren, wie das Umfunktionieren eines Leides in eine Kraftquelle sogar bei kleinen Kindern gelingen kann. Das Beispiel verdanke ich Doris Hünger, einer Heilpädagogin und ehemaligen Mitarbeiterin von mir, die überaus geschickt logotherapeutische Grundprinzipien in ihre tägliche Arbeit einzuflechten wusste.

Das sechsjährige Mädchen, um das es sich handelte, wurde uns von seiner Mutter wegen eines Schockerlebnisses, das bereits ein Jahr zurücklag, vorgestellt. Und zwar hatte das Kind damals mitansehen müssen, wie der betrunkene Vater die Mutter angegriffen und ins Gesicht geschlagen hatte. Da die Mutter einen heftig blutenden Nasenbeinbruch davongetragen hatte, war viel Blut auf den Teppich unter ihr geflossen. Die Mutter hatte das Kind nach ihrer Verletzung einer Freundin übergeben und war ins Krankenhaus gefahren, wodurch ihr keine Zeit geblieben war, den Teppich zu reinigen. Als sie nach ihrer Krankenhausentlassung und der Abholung des Kindes ihre Wohnung wieder hatte betreten wollen, hatte das Kind beim Anblick des blutbefleckten Teppichs zu schreien begonnen und sich geweigert, darüber zu steigen. Die Mutter hatte den Teppich erst abdecken müssen, weil das Kind sonst nicht in die Wohnung zu bringen gewesen wäre.

Seit dem Vorfall war der Vater, gegen den Anzeige erstattet worden war, ausgezogen, und mittlerweile war auch die Scheidung ausgesprochen. Nun wollte die Mutter sicherstellen, dass keine seelischen Schäden im Kinde nachwirkten, wofür es leichte Anhaltspunkte wie nächtliches Aufschrecken oder Angst vor dem Alleinsein gab.

Unsere Heilpädagogin nahm das Kind in wöchentliche Einzeltherapie und ließ es zunächst einfach spielen. Bald kamen vom Kind fantasierte Spielszenen vor, die an das grausige Erlebnis mit dem Vater gemahnten: Ein Teddybär wurde beim Kasperltheaterspielen vom Krokodil gebissen, das Blut lief ihm über das Fell, er musste schnellstens verbunden werden u. Ä. Zweifellos mischten sich dabei bewusste und unbewusste Anteile aus dem Seelenleben der Kleinen, die natürlich wusste, was vor einem Jahr passiert war, ohne es adäquat einordnen zu können.

Daraufhin bot ihr unsere Heilpädagogin Interpretationen an, die eine hohe Chance hatten, mit den Botschaften des menschlichen Gewissens konkordant zu klingen. Zum Beispiel erklärte sie, dass es das Krokodil vielleicht gar nicht böse gemeint hätte, als es den Teddy angriff, ja, dass es intensiver zugebissen haben könnte, als es wollte. Oder sie führte aus, dass das Krokodil selber krank sein könnte und deshalb vor lauter Pein wild um sich beiße. Aber, fügte sie hinzu (und baute damit einen großartigen zwischenmenschlichen Wert auf), wenn der Teddy dem Krokodil verzeihe, würden seine Wunden schnell wieder heilen, und er könne wieder spielen und tanzen und lachen. Und während er tanze und lache, würde ihm einfallen, dass er auch lustige Stunden mit dem Krokodil erlebt hat, in denen sie viel Spaß miteinander gehabt hatten; und er wird das Krokodil in Erinnerung behalten, wie es war: gut und böse. Böse, aber eben auch gut.

Nach wenigen Wochen hörten die traumabezogenen Spielszenen des Mädchens auf, und es spielte nur noch „harmlose“ Spiele. Gleichzeitig reduzierte sich seine häusliche Ängstlichkeit auf ein tolerables Maß. Die Heilpädagogin teilte mir mit, dass ihrer Ansicht nach kein zusätzliches Bohren im Gewesenen mehr indiziert sei, und wir einigten uns auf eine Beendigung der Therapiestunden mit einem kurzen Selbstständigkeitstraining der Kleinen. Ich war nicht völlig überzeugt, dass das schwere Kindheitserlebnis schon „vernarbt" war, aber ein zufälliger „Test" beruhigte mich zutiefst.

Just beim letzten Beratungsgespräch erzählte mir die Mutter, was sich in einer der Kinderturnstunden eines Gymnastikkurses, den ihre Tochter besuchte, ereignet hatte. Ein anderes Mädchen aus dem Kinderkurs war über eine Matte gestolpert, mit dem Gesicht an die Sprossenwand gestoßen und hatte sich dabei am Nasenrücken verletzt. Nasenaufschürfungen aber bluten bekanntlich stark. Als unser Mädchen aus der Therapie dieses Unglück im Turnsaal mit ansah, musste sich ihm zwangsläufig die Assoziation zur brutalen Misshandlung ihrer Mutter durch den Vater aufgedrängt haben. Wie reagierte es darauf? Das Kind blieb im Turnsaal gefasst und zeigte auch zu Hause keinerlei kritische Gemütsbewegung. Erst am Abend beim Gutenachtkuss der Mutter schlang es beide Arme um den Hals der Mutter und flüsterte ihr ins Ohr: „Gelt Mutti, der Papa hat dich schlimm verletzt an der Nase ... aber zu mir war er oft auch sehr nett." Damit schlief es friedlich ein.

Könnten doch alle Erwachsenen ihre Lebenstraumen so relativieren und akzeptieren wie dieses Kind!

Unbewusste Rachegelüste?

Halten wir fest: Was nicht mit dem Gewissen harmoniert, ist die Ableitung eines Freibriefes zum Negativverhalten aufgrund eines erlittenen Traumas. Leider tricksen psychologisch versierte Personen diesbezüglich gern ihr Gewissensstimmchen aus, indem sie sämtliche Zusammenhänge für *unbewusst* erklären, wie der erwähnte junge Mann mit dem Gewehr vor dem Supermarkt. Damit produzieren sie billige Entschuldigungen vor sich selbst. Aber: „Menschliches Verhalten wird nicht von Bedingungen diktiert, die der Mensch antrifft, sondern von Entscheidungen, die er selber trifft", so Frankl.

Ich habe eine Frau in Beratung gehabt, bei der allerlei diffuse Krankheiten ausbrachen, nachdem sich ihr Mann von ihr getrennt hatte und mit einer Freundin zusammengezogen war. Zuerst vermutete ich, dass sich die Trauer wegen der Trennung und dem Verlust des Partners bei der Patientin in psychosomatischen Beschwerden niederschlug, doch bald wurde ich stutzig. Sie sagte zum Beispiel über ihren Mann: „Wenn er tot wäre, ginge es mir besser!" oder „Wenn seine Liebschaft kaputtgeht, habe ich es geschafft, dann bin ich zufrieden!" In mir stieg der Verdacht auf, dass sie ihre Krankheiten größtenteils simulierte, um bei ihrem untreuen Ehemann Schuldgefühle zu erzeugen in der Hoffnung, er werde zu ihr zurückkehren oder wenigstens ein Unbehagen verspüren, wenn er sich mit seiner Freundin vergnügte. Ihre vorgeblichen Krankheiten waren insgeheim gegen ihn gemünzt als eine Art primitiver Rache: Er möge bloß sehen, was er angerichtet hat! Ich zweifelte nicht daran, dass ihr dies bewusst war, obwohl sie es mir nie eingestehen würde, weil es ihren hysterischen Charakter enthüllt hätte, statt ihre Rolle als gekränkte, verschmähte Ehefrau aufrechtzuerhalten. Deswegen fragte ich die Patientin, ob sie mit ihren Krankheiten vielleicht „unbewusst" ihren Mann strafen wollte, was sie nicht von der Hand wies. Das wäre schon möglich ...

Anschließend sprachen wir über das Unbewusste im Menschen. Ich erläuterte ihr, dass es neben dem triebhaft Unbewussten auch geistig Unbewusstes gibt. Zum triebhaften Bereich zähle die Aggression, die in ihrem Fall verständlich sei, doch zum geistigen Bereich zähle die Verantwortung, von der sie deswegen keineswegs suspendiert sei. Sie möge sich also nicht auf irgendwelche Impulse aus dem Unbewussten berufen, die für primitive Tendenzen stünden, sondern möge ihr künftiges Leben bewusst in die

Hände nehmen und auf ihre autoaggressiven Rachegelüste dem Mann gegenüber freiwillig verzichten.

Die Frau war von meinen Darlegungen verblüfft, weil diese nicht dem erwarteten Effekt entsprachen, zeigte sich aber einsichtig. Sie gab es auf, die Niedergeschlagene zu spielen und ging alsbald dazu über, ein eigenständiges Leben zu führen. Das Letzte, was ich von ihr hörte, war eine neue, vielversprechende Freundschaft in ihrem eigenen Leben.

Wann immer ich Patienten begegne, die das Unbewusste als Entschuldigung für das Unverantwortliche in ihrem Handeln heranziehen, gebe ich Contra. So habe ich einem 17-jährigen straffälligen Jugendlichen, der mir vom Jugendgericht zugewiesen worden war, weil „es manchmal bei ihm aushakte", ernsthaft die Leviten gelesen. Die Prügeleien, auf die er sich einzulassen pflegte und bei denen er schon manchen Kumpel verletzt hatte, wurden von ihm achselzuckend mit den Worten kommentiert: „Wenn mir einer widerspricht, weiß ich nicht mehr, was ich tue!" Meine Aufgabe bestand darin, ihm zu verdeutlichen, dass er sehr wohl wisse, was er tue, und dass er „im vollen Bewusstsein seiner Verantwortlichkeit" zuschlagen müsse oder gar nicht, sich jedenfalls nicht hinter der Ausrede vom Unbewussten verkriechen könne. Nachdem er diese Lektion verstanden hatte, war er bereit, alternatives Verhalten für Disputprozesse einzuüben.

Ähnlich „kühl" ging ich im Fall eines Patienten vor, der eine mehrjährige Primärtherapie nach dem Janov'schen Urschrei-Konzept hinter sich hatte und danach eine logotherapeutische Behandlung wünschte, um von den – durch die Therapie ausgelösten – Zwangsvorstellungen, er müsse in Untergrundbahnen und sonstigen unterirdischen Räumen laut losbrüllen, befreit zu werden. Kaum hatte sich der Mann in meinem Sprechzimmer niedergesetzt, entschuldigte er sich im Voraus dafür, dass er ggf. mitten im Gespräch aufspringen und hinausrennen werde, was unter der Gewalt „unbewusster Dränge" geschehe. Daraufhin gewährte ich ihm fünf Minuten Zeit, sich zu überlegen, ob er eine logotherapeutische Behandlung wolle oder nicht. Sollte er sie wollen, habe er gemächlich sitzen zu bleiben, bis unser Gespräch fertig sei, egal, was seine „unbewussten Dränge“ dazu sagen würden.

Nun, er ist sitzen geblieben, und drei Monate später kam ihm die ganze Schreierei wie ein böser Albtraum vor, von dem er sich endlich losgestrampelt hatte.

Nicht in jedem Fall empfiehlt es sich, mit traumageschädigten Personen den Traumahergang minutiös zu erinnern. Damit fixiert man ihre Aufmerksamkeit an die düsteren Seiten ihres Lebens. Wagen wir es zur Auflockerung, mit ihnen auf das Plätschern eines Springbrunnens zu lauschen oder die Nuancen des bunten Herbstlaubes zu betrachten, wagen wir es, mit ihnen in die Wolken zu gucken oder über die Felder zu schlendern ... sie werden nicht völlig unempfänglich sein! Oder stimulieren wir sie zu einer schöpferischen Initiative. Lassen wir sie mithelfen, Blumenvasen zu dekorieren, einen Rot-Kreuz-Kurs zu belegen, Kindern Märchen zu erzählen – vielleicht springt der kreative Funke auf sie über. Und beweisen wir ihnen, dass sich zu jedem Schicksal eine Einstellung erringen lässt, die uns befähigt, würdig zu tragen, was auch kommen mag. Man kann mit Ratsuchenden wahrlich über andere Themen sprechen als über Betrauerbares im Topf des Unbewussten. Man kann sie mit Sinnvollem konfrontieren, das im Topf des Bewussten unerkannt schlummert. Zurückgeholt in die Gegenwart sind die Ratsuchenden dann doch meist froh über die vielen veritablen Möglichkeiten, die sie noch haben, die Geschichte ihres Lebens in die Zukunft hinein neu zu diktieren.

Ist immer die Mutter schuld?

Für die Logotherapie sind die Kindheitserlebnisse eines Menschen genauso wichtig wie für die Psychoanalyse, aber sie bestimmen den Menschen nicht. Für die Logotherapie sind die Triebe eines Menschen genauso wichtig wie für die Psychoanalyse, aber sie beherrschen den Menschen nicht. Für die Logotherapie ist das Unbewusste auch existent, aber es dient dem Menschen nicht als Ausrede für Unverantwortlichkeit. Für die Logotherapie sind seelische Verletzungen auch existent, aber sie zwingen den Menschen nicht zur seelischen Erkrankung.

Es ist ein typisch „höhenpsychologisches" Paradigma, sowohl das Unbewusste als auch das Traumatische wieder mit positivem Gedankengut verknüpft zu haben, nachdem es tiefenpsychologisch nur mehr als Negativum denkbar schien. Das geistig Unbewusste ist demnach das eigentliche und ursprüngliche Wissen des Menschen um seine Freiheit und Verantwortung. Und das lebensgeschichtlich Traumatische ist der eigentliche und ursprüngliche Wachstumsanstoß des Menschen auf seinem Weg zur existenziellen Reifung und Erfüllung.

Eine verbitterte Frau berichtete mir von ihren Sorgen mit ihrem 25-jährigen Sohn, der ein Nichtstuer sei und auf Kosten anderer lebe, und erwähnte dabei, bei wem sie schon überall Hilfe suchend gewesen war. Zuerst hatte sie sich an einen tiefenpsychologisch orientierten Berater gewandt und ihm ihren Kummer geschildert. Nach 20 teuren Sitzungen informierte dieser sie über seine Theorien. Ihr Sohn (den der Berater nie gesehen hatte!) habe sich bereits im Mutterleib nicht wohlgefühlt und habe außerdem im Alter von vier Jahren einen schweren Schock erlitten, als sie – die Mutter – an Kinderlähmung erkrankte. Die nachfolgende Behinderung der Mutter sei für ihn eine derartige „Qualitätsminderung" seiner Kindheit gewesen, dass er sich nicht mehr habe frei entwickeln können und daher als Erwachsener zu „neurotisch gehemmt" sei, um regelmäßiger Arbeit nachzugehen. Der Sohn brauche eine jahrelange psychoanalytische Behandlung, sonst werde er niemals arbeitsfähig werden. Sie, die Mutter, solle die Behandlung bezahlen, weil sie schließlich die Störungen des Sohnes verursacht habe.

Die Frau beteuerte mir, dass sie für die Behandlung des Sohnes ihre letzten Ersparnisse zusammengekratzt hätte, aber der Hinweis auf ihre Behinderung, hinsichtlich derer sie sich noch gut erinnern konnte, wie sie trotz ihrer Schwäche alles nur Erdenkliche für ihren kleinen Sohn getan hatte, und die nun plötzlich am ganzen Problem schuld sein sollte, empörte sie dermaßen, dass sie sich bei diesem Berater nicht mehr blicken ließ.

Der nächste Berater machte es kurz und bündig. Als er hörte, dass der Sohn 25 Jahre alt war, riet er der Mutter, sie solle sich in dessen Leben nicht mehr einmischen und seinen Lebensstil akzeptieren, wie er ist. Keinesfalls solle sie den Sohn mehr finanziell unterstützen, da er auf diese Weise niemals gezwungen sein würde, selbst etwas zu unternehmen.

Die Frau fand den Ratschlag vernünftig, machte sich aber Gedanken darüber, ob ihr Sohn nicht auf die schiefe Bahn abrutschen werde, wenn sie ihm ihre Unterstützung versage, und fragte deshalb noch einen dritten Berater. Dieser dritte, ein Theologe, zeigte sich entsetzt darüber, dass sie ihr eigenes Kind „seinem Schicksal überlassen wolle" und machte ihr heftige Vorwürfe, sich nicht genügend um es zu kümmern. Anscheinend liebe sie es nicht, wie es sich für eine Mutter gehöre, die nie zögern dürfe, ihren Kindern zu helfen. Den Einwand der Frau, ob sie ihrem Sohn mit einem monatlichen Scheck tatsächlich helfe oder damit lediglich seine Faulheit unterstütze, fegte der Berater vom Tisch.

„Es ist ganz gleich, was ich tue", schloss die Frau ihren Bericht, „ich bin auf jeden Fall schuld an allem. Das einzige Unglück meines Sohnes ist offenbar, dass er mich zur Mutter hat!" Bei diesen Worten rannen ihr die Tränen über die Wangen. „Sie sind die letzte Stelle, an die ich mich wende", fuhr sie unter Schluchzen fort, „zu einem fünften Berater gehe ich nicht mehr!" Zum Glück brauchte sie keinen weiteren Berater, denn nach einer langen und aufrüttelnden Aussprache, die ich mit dem jungen Mann tätigte (der übrigens keine Spur neurotisch oder gehemmt war), begriff er, dass er seinen Lebensunterhalt nicht auf Dauer aus der mageren Geldbörse der Mutter bestreiten konnte und seinen eigenen Beitrag leisten musste. Er hatte später noch einen „Rückfall in die Faulheit", als er in einer Metzgerei voreilig kündigte, aber dann trat er eine Arbeit in einem Selbstbedienungsladen an, in dem er – zur Erleichterung seiner Mutter – „bei der Stange blieb".

Auf einer Ärztetagung 1981 in Bremen warnte der „Altvater der deutschen Psychiatrie" Werner Scheid, dass die Psychiatrie (und ebenso die Psychotherapie) wie kein anderes Fach der klinischen Medizin die Gefahr des Missverstehens in sich berge. Ich kann nur zustimmen, wobei das Missverstehen durchaus doppelseitig ist. Klienten missverstehen nicht selten ihre Berater, und Berater missverstehen viel zu oft, was ihre Klienten brauchen. Im obigen Falle ist Berater Nr. 1 ordentlich ins Fettnäpfchen getreten, als er die körperliche Behinderung der Mutter als Kriterium für die Fehlentwicklung ihres Sohnes deklariert hat. Das tut weh. Und Spekulation ist es obendrein, die durch nichts erhärtet ist. Auch Berater Nr. 3 hat „die falsche Platte abgespielt", als er die unbegrenzte Zuwendung der Mutter einforderte. Demgegenüber hat Berater Nr. 2 die Gesamtsituation realistisch eingeschätzt. Dennoch haben alle drei Berater *eines* vermissen lassen, nämlich den Versuch, mit dem Sohn selbst zu sprechen. Freilich hätte sich dieser weigern können, zu kooperieren, doch der Versuch war unbedingt geboten, denn schließlich war *er* es, der sich in einen sinnwidrigen Lebensstil hineinmanövriert hatte, und nicht die Mutter, die sich unentwegt bemühte, ihm zu helfen. *Er* war es, der am Rande von Freiheit und Verantwortung dahinstolperte. Wer ein Leid *verursacht*, ist dem Abgrund stets näher als derjenige, der es erleidet.

Beruf „Schutzengel"

Ein beeindruckendes Beispiel eines Mannes, der haargenau verstand, was „seine Klienten" brauchten, obwohl er weder ein Berater war noch Klienten hatte, gibt die nachstehende Zeitungsnotiz aus dem Jahr 2000 wieder:

Polizist rettete mehr als hundert Lebensmüde

„Schutzengel", könnte Polizist Gary Burchfield aus Seattle im US-Bundesstaat Washington als Beruf angeben. Der 36-Jährige hält seit sechs Jahren Lebensmüde davon ab, sich von der 50 m hohen Aurorabrücke in den Tod zu stürzen. Bisher hat er mehr als hundert Menschen durch gutes Zureden im letzten Moment gerettet.

1994 hatte Burchfield zufällig ein 16-jähriges Schulmädchen und kurz danach einen verlassenen Ehemann vom Todessprung zurückgehalten. Daraufhin wurde er zum Dauerdienst an die „Selbstmörderbrücke" versetzt, von der insgesamt schon 150 Menschen in den Fluss gesprungen sind. „Er trifft einfach den richtigen Ton", erklärte Polizeichef Roy Akagen die ungewöhnliche Gabe seines Beamten. „Bisher musste Burchfield noch niemanden mit Gewalt zurückhalten. Er spürt genau, was diese verzweifelten Menschen bedrückt, und überzeugt sie, dass ihr Leben trotz allem einen Sinn hat."

Ein Naturtalent! Gary Burchfield vermochte in seinen Gesprächen an der Todesbrücke sichtlich noch eine zweite Brücke zu errichten: die Brücke von Mensch zu Mensch. Über ihr türmte er die dritte und gewaltigste Brücke auf: die Brücke zwischen Mensch und Logos. Wer seinen Fuß darauf setzt, fällt in keinen Abgrund mehr.

Oft erhalte ich Leserzuschriften oder Rückmeldungen zu meinen Büchern und Vorträgen, aus denen hervorgeht, dass Personen mit ähnlichen Argumenten raten, helfen und retten konnten, wie es Frankl in seinem Erbe niedergelegt hat, ohne dass jene Personen jemals mit seinem Gedankengut in Kontakt gekommen wären. Jedes Mal bin ich stolz darauf und freue mich darüber. Denn wir dürfen annehmen, dass das wirklich Wertvolle zeitlos ist, und dass sich demzufolge auch der Wertgehalt von Frankls „sinnzentrierter Psychotherapie" in gewisser Form (wenn auch unsystematisiert) im uralten Weisheitsschatz der Völker vorrätig findet. Wo ein kluges Gespräch nach den Prinzipien des gesunden Menschenverstandes und der Liebe zum Nächsten geschieht, und wo die Überzeugung mit eingeblendet wird, dass das Leben einen bedingungslosen Sinn hat, den es unter keinen Umständen verliert, dort ist in irgendeinem Schlupfwinkel die Logotherapie zu Hause. Wenn gar noch Elemente der Willensfreiheit und des Verantwortungsbewusstseins, der Selbstdistanzierung und Selbsttranszendenz, der Friedfertigkeit und des Humors mit eingeflochten sind, dann findet praktisch „angewandte Logotherapie“ statt, ob sie diesen oder einen anderen Namen – oder gar keinen trägt.

Nicht frei *von*, sondern frei *zu* etwas

In Statistiken über Personen, die nach einem tragischen Suizidversuch (wie durch ein Wunder) gerettet worden sind, häufen sich zwei Beobachtungen. Zum einen erklären die Geretteten, dass sie keinen anderen Ausweg mehr gesehen hätten als den Tod. Zum anderen wiederholen die Geretteten aber ihren Suizidversuch seltener, als man meinen könnte. Augenscheinlich gewinnen sie wieder an „Auswegsichtigkeit“. Das wirft die Frage auf, wie willensfrei ein Mensch wirklich ist, dessen „Sehkraft“ sich aufgrund eines wahnsinnigen seelischen Schmerzes vorübergehend verschleiert hat.

Wir wollen es wissen: Wie frei ist der Mensch? Wenn wir den Existenzphilosophen Glauben schenken, ist er relativ frei; ist er sogar ziemlich brutal in seine Freiheit „hineingeworfen“ worden und muss sich in ihr zurechtfinden. Wenn wir den Tiefenpsychologen glauben, ist der Mensch nahezu gänzlich unfrei, von seinen biopsychischen Fundamenten und seiner sozialen Umwelt abhängig und ihnen ausgeliefert. Gibt es zwischen diesen Extremen einen goldenen Mittelweg? In der Tat gibt es ihn in den Frankl’schen Schriften, in denen sich Philosophie und Psychologie zu einem erstklassigen Lehrgebäude der Humanwissenschaften verbinden. Demnach ist der Mensch frei, aber nicht frei *von* etwas, sondern nur frei *zu* etwas. Das Freisein *von* unseren Kümmernissen ist uns leider nicht gewährt. Wohingegen das Freisein *zu* Entscheidungen trotz unserer Kümmernisse ungebrochen aufrecht bleibt. Dasselbe gilt für den Wahrnehmungsspielraum von Auswegen. Es gibt Phasen, in denen unser Blick erfolglos nach Auswegen tastet. Als würde sich ein Nebel über unsere Augen legen, ist weit und breit kein Vorwärtskommen mehr erkennbar. Dennoch ist uns immer noch anheimgestellt, ob wir uns geduldig aufheben für einen Moment, in dem der Nebel vielleicht zerreißen wird, oder ob wir uns – ins Nichts stürzen.

Die Differenzierung zwischen „von" und „zu" soll anhand eines Fallbeispieles erläutert werden.

Eine junge Studentin war bei mir zur Beratung und weinte fürchterlich. Der Studienplatz, um den sie sich beworben hatte, war ihr verschlossen geblieben. Der Freund hatte sich von ihr abgewandt und eine andere Liebschaft angefangen. Der Vater musste zur zweiten Krebsoperation ins Krankenhaus. Das Geld war knapp. Ob es an ihr lag, dass alles so schieflief? Ob sie die Psychopharmaka nehmen sollte, die ihr der Hausarzt aufgeschrieben hatte? An dieser Stelle bremste ich ihren Redefluss, denn hier wurden offenbar beide „Sorten" von Freiheit miteinander verwechselt.

Wie gerne junge Menschen auch frei sein möchten, am liebsten frei von allen Banden, so sind sie es doch nicht. Im Gegenteil, gerade ihr stürmisches Sehnen nach Freiheit erzählt von einer noch starken Beeinflussbarkeit durch äußere Umstände. Je ruppiger sie sich von den Bildern ihrer Herkunft und den Normen der Gesellschaft loslösen wollen, desto mehr verstricken sie sich oft in ein Netz frischer Abhängigkeiten. Der Mensch ist nicht frei *von* seinen Konditionen – dieser Wermutstropfen muss mit zunehmender Reife geschluckt werden. Es wäre Illusion zu glauben, man könnte sich ihm durch veränderte Lebensformen entziehen. Keine wie immer geartete Lebensform erlaubt die Flucht vor körperlichen, psychischen oder sozialen Konditionen; nicht einmal ein Eremitendasein, das auch seine eigenen Regeln hat, gegen die nicht verstoßen werden darf.

Diese Entdeckung wurde nun schmerzlich von jener jungen Studentin gemacht, die sich Schicksalsfaktoren gegenübersah, die nicht in ihrer Hand lagen. Wirtschaftliche und gesellschaftliche Umstände wie die Vergabe von Studienplätzen stehen nicht in der Macht des Einzelnen, und genauso wenig steht ihm ein Anrecht auf glückliche Fügungen wie Liebe und Gesundheit zu. Nicht nur dies. Selbst wenn sich ein bestimmter Schicksalsfaktor als erzwingbar erwiese, würden dennoch seine Folgen neue Unfreiheiten mit sich bringen, die wieder neue Ohnmachtsbereiche des Menschen abstecken würden. Ein Studienplatz, den man erhalten hat, befreit nicht von der kontinuierlichen Notwendigkeit, den fortschreitenden Studienanforderungen zu genügen; eine Freundschaft, die hoffnungsvoll beginnt, garantiert keinen nachhaltig positiven Verlauf; und eine Gesundheit, die gegenwärtig besteht, ist kein Freibrief zum ewigen Leben.

Was war somit der jungen Frau zu raten? Sie möge, statt an sich selbst zu zweifeln, die Illusion aufgeben, sie könne dem Zugriff des Schicksals entgehen, im Erfreulichen wie im Unerfreulichen. Was sie erlebe, sagte ich zu ihr, sei eine verhängnisvolle Verknüpfung von unerfreulichen Ereignissen, aber das bedeute nicht, dass nicht auch wieder erfreuliche Zufälle in ihrem Leben geschehen würden, und zwar ebenfalls ohne ihr Zutun und ihr Verdienst. Ihr Part sei es nicht, über die unfreien Belange ihres Lebens Rechenschaft abzulegen, und schon gar nicht, die Illusion einer Freiheit *von* Bedingungen durch eine noch gefährlichere Illusion zu stützen, nämlich durch die Illusion, sich über Drogen und Tabletten „freikaufen" zu können. Ihr Part sei es vielmehr, *zu* allen unfreien Belangen ihres Lebens *frei Stellung zu nehmen*, indem sie verantwortlich darauf reagiere.

Wahl und Verantwortung

In der Logotherapie richten wir unser Augenmerk auf das Freisein *zu* etwas, und bei dieser Blickwende öffnet sich stets ein beschreitbares Feld, wo soeben noch Mauern der Bedingtheit emporgeragt haben. Vor der menschlichen Freiheit zur geistigen Stellungnahme muss sogar das Schicksal „einknicken". Denn es gibt – ein waches menschliches Bewusstsein vorausgesetzt – keine inneren oder äußeren Umstände, auf die nicht in verschiedenster Weise reagiert werden könnte. Die Ohnmacht bezüglich des Auftretens solcher Umstände wird aufgehoben durch eine Macht der Wahl bei der Beantwortung dieser Umstände. Wo es aber eine Wahl gibt, gibt es eine gute oder schlechte Wahl, eine sinnvolle oder sinnwidrige, eine vernünftige oder unvernünftige ... Im Sog der Freiheit, wählen zu dürfen, wie auf Unfreiheiten reagiert wird, schwimmt das von der Person zu Wählende mit. So sehr die Freiheit *von* Bedingungen daher eine vergeblich erflehte ist, so sehr ist die Freiheit *zur* Stellungnahme eine höchst persönliche.

Was bot sich meiner jungen Studentin nach der ihr offerierten Blickwende dar? Vor ihr lag das weite Feld der unterschiedlichen Möglichkeiten, wie sie ihre Situation bewerten konnte. Nach einer Phase des Abwägens wählte sie als Erstes die Möglichkeit, zwischen dem unerreichbaren Studienplatz und der Krankheit ihres Vaters einen gedanklichen Bogen zu spannen. Ein langes Studium von ihr würde der Vater voraussichtlich nicht mehr bis zum Studienende erleben. Es sei aber sein größter Wunsch, sie einigermaßen gesichert und versorgt zu wissen, was bei einer baldigen Arbeitsaufnahme durch sie der Fall wäre. Wobei sich auch die Geldnöte reduzieren würden. Ob sie dann zeitlebens dem Studium nachweinen würde? Sie überlegte sich diese Frage, doch das Wissen um ihre eigene freie Entscheidung hielt sie von einer Bejahung ab. Ein endloses Nachweinen kam ihr sinnlos vor. Vielleicht ließ sich ihr Interesse am Fachgebiet als Freizeithobby ausbauen, im Selbststudium, ja eventuell auf dem Weg über eine Fernuniversität? Die Vorstellung, dem Schicksal doch noch „ein Schnippchen zu schlagen", hatte einen gewissen Reiz für sie, und die letzten Tränenspuren verblassten auf ihrem Gesicht.

Trotzdem musste um eine weitere geistige Einstellung gerungen werden, eine schwierige: die Einstellung zum Verlust des Freundes, der ihr untreu geworden war. Hatte sie ihn innig geliebt? Ja, das hatte sie. Und er, hatte er sie auf vergleichbare Weise geliebt?

Sollte sie sich belügen? Nein, das Wissen um ihre eigene freie Entscheidung ließ sie davor zurückschrecken, ein sinnloses Traumgespinst zu weben: Seine Liebe war nicht tragfest gewesen. Mutig hob sie den Kopf. „Ich bin traurig“, erklärte sie, „aber ich wäre noch viel trauriger gewesen, wenn unsere Beziehung länger angedauert hätte und eines Tages doch zerbrochen wäre.“ Eine kluge Einstellung, die sie sich ausgesucht hatte!

Wir sehen, die junge Frau hat sich gewandelt. Von einem hilflosen „Opfer ihres Schicksals“ ist sie auf geistigen Treppchen emporgestiegen zu einer aktiven „Mitgestalterin ihres Schicksals“, was schließlich das Ziel jeder guten psychotherapeutischen Intervention ist. Bei unserer Verabschiedung hatte sie verstanden, dass sie nicht frei *von* den Schiedssprüchen universitärer Behörden, dafür frei *zum* Start einer beruflichen Karriere war. Dass sie nicht frei *von* der Zurückweisung durch ihren Freund, dafür frei *zur* Einsicht war, er wäre der falsche Partner gewesen. Und dass sie nicht frei *von* der Angst um ihren Vater, dafür frei *dazu* war, ihm einen Herzenswunsch zu erfüllen. In dem Maße, in dem sie einen illusionären Freiraum aufgab, um in einen verantwortungsvollen Freiraum überzuwechseln, in dem Maße fand sie ihre seelische Ausgeglichenheit wieder, fand sie zu sich selbst.

Ziehen wir daraus den Schluss, dass das Phänomen der Freiheit des Menschen missverständlich und gleichzeitig faszinierend ist. Als Naturgeschöpf unter den Geschöpfen der Erde ist der Mensch in eine kosmische Ordnung integriert, die er nicht zu durchschauen vermag; ist er unentrinnbar verflochten mit den Geschehnissen seiner Zeit und seiner Welt. Als ein Wesen jedoch, in dem sich vor Jahrtausenden der geistige Funke entzündet hat, ist er aufgerufen, zur Undurchschaubarkeit und Exponiertheit seiner Existenz Stellung zu beziehen, und zwar eine je frei gewählte im Rahmen eines verantwortlichen Lebens.

Eine umgeschriebene Autobiografie

Mitunter werden autobiografische Niederschriften angeregt, um heilsame Um- und Neuorientierungen bei Patienten in Gang zu bringen. Dabei kommt es nicht darauf an, dass die Autorinnen und Autoren sich ihren Frust „von der Seele schreiben", sondern darauf, dass sie sich mit dem „Logos", der hinter und über ihrem Frust stehen mag, auseinandersetzen. Nichts Krankheitsverursachendes (Warum?) soll in ihr Leben hineingelesen werden, sondern das mit ihren Erfahrungen „Gemeinte" (Wozu?) soll herausgelesen werden. Logotherapeutisch werden die Patienten dabei befragt, in welchem Geiste, mit welcher Haltung und in Richtung welcher Aussagen sie ihren Text verfassen. Als Dokument der eigenen Resignation? Zum Loswerden des eigenen Grolls? Oder als Widerschein der eigenen Suche nach Sinn im Leid? Oder gar als tapfere Stellungnahme zu Unabänderlichem?

Für viele Patienten ist eine geleitete Niederschrift ihrer Lebensgeschichte der Prozess einer Bilanzziehung, die realistisch genug ist, um Wahres wahr bleiben zu lassen, und die dennoch idealistisch genug ist, um der Aussöhnung mit der Wahrheit eine Chance zu geben.

Überaus beeindruckend fiel der Text einer meiner Patientinnen aus, die bereits vor Aufnahme unserer Gespräche eine autobiografische Skizze verfasst hatte und diese später komplett umschrieb. Dieselbe Geschichte las sich schlagartig anders. Zur Demonstration seien (mit ihrer Erlaubnis) zwei Textfragmente daraus abgedruckt: eines von „vorher" und eines von „nachher".

Textfragment 1 (Ausschnitt aus der vor Beginn der Therapie verfassten Niederschrift der Patientin):

„Meine Mutter wollte mich in einem stümperhaften Selbstversuch mittels Häkelnadel abtreiben, aber es ist ihr nicht gelungen. Mein Bruder war schrecklich eifersüchtig auf mich, als ich geboren wurde. Er muss mich gehasst haben, denn er ließ einmal, als er auf mich aufpassen sollte, den Kinderwagen, in dem ich lag, eine Böschung hinabrollen. Der Kinderwagen kippte um, ich fiel heraus und brach mir ein Schlüsselbein. Auch bin ich als kleines Kind im Eis eines Teiches eingebrochen und nur in letzter Minute von Spaziergängern herausgezogen worden.

Ich war immer allein, niemand spielte mit mir. Meine Mutter arbeitete auf dem Feld und als Dienstmagd, an meinen Vater erinnere ich mich nicht. Deshalb war ich oft bei einer Nachbarsfamilie. Das war eine richtig intakte Familie. Dort stand mittags das Essen auf dem Tisch und zu Weihnachten ein geschmückter Baum in der Ecke, was mir bald klarmachte, wie desolat anders es bei uns daheim zuging.

Wie wenig meine Mutter von mir wusste, zeigt folgende Begebenheit: Mein Bruder und ich schlichen abends heimlich aus dem Haus, um durch ein Gasthof-Fenster die Erwachsenen beim Kartenspiel zu beobachten. Knapp bevor die Mutter heimkam, rannten wir schnell zurück und krochen samt den Kleidern und Schuhen in unsere Betten, wo wir uns schlafend stellten. Unsere Mutter merkte es nicht.

Als Spielsachen mussten die Produkte des Landes genügen, z. B. Steine, Tannenzapfen und Blumenkränze. Ich war jeden Tag draußen im Freien, wenn das Wetter einigermaßen gut war, mir selbst und meinen Gedanken überlassen ..."

Dieser Text gibt die Wahrheit wieder, ohne etwas zu beschönigen. Doch nicht die *ganze* Wahrheit. Zur Wahrheit gehört wesentlich mehr: der Sinn- und Wertgehalt des Erlebten, der bejahungswürdige Teil der Geschichte, das Stückchen Gnade, das allerorts waltet. Dieses „mehr" an Wahrheit wurde in unseren gemeinsamen Gesprächen herausmodelliert. Danach schrieb die Patientin ihre Geschichte um.

Textfragment 2 (Ausschnitt aus der nach der Therapie verfassten Niederschrift der Patientin):

„Ich kam glücklicherweise als gesundes Baby auf die Welt und blieb trotz mancher körperlicher Gefährdung gesund. Anscheinend hatte ich als Kind einen besonderen Schutzengel, der über mir wachte und achtgab, dass ich mir etwa bei einem Sturz aus dem Kinderwagen nicht das Genick brach, oder dass ich beim Durchbrechen der Eisdecke eines Teiches gerade noch rechtzeitig aus dem Wasser gefischt wurde.

Obwohl meine Mutter arbeitsmäßig überlastet war, fand ich liebe Bezugspersonen in einer Nachbarsfamilie und lernte dort ein trautes Familienleben kennen, an dem ich wiederholt teilnehmen durfte. Auch in meinem Bruder fand ich nach anfänglichen Eifersüchteleien einen Kumpanen und Verbündeten, mit dem zusammen ich allerlei Streiche ausführte. Großen Spaß hatten wir daran, hie und da unsere übermüdete Mutter zu überlisten.

Das Schönste aber war das herrliche Naturparadies, das uns zum Spielen zur Verfügung stand und uns unsere Armut vergessen ließ. Wir brauchten keine Plastik-Spielsachen, uns ‚gehörte' das Land ringsum mit seinen reichen Gaben, das ich tagelang durchstreifte, wobei ich eine tiefe Liebe zur Natur entwickelte und eine Freiheit genoss, um die mich jedes Stadtkind beneidet hätte …"

Ich glaube, wir dürfen diese Patientin wirklich beneiden. Nämlich beneiden um das innere Wachstum, das sie zwischen Text 1 und Text 2 vollzogen hat.

In den Müll gewanderte Schlaftabletten

Die Frankl'sche Logotherapie unterscheidet sich von der Richtung des „Positiven Denkens", indem sie stets das Ganze betrachtet, das Positive *und* Negative, das „holon", das eben auch das „Heile" bedeutet. Sie vermittelt dem Patienten: Du bist *gewollt* – wenn auch vielleicht nicht von deinen Eltern. Du bist *gesollt* – denn sonst wärest du nicht hier. Und du wirst *gebraucht* – dein Beitrag ist wichtig!

Jeder Mensch trägt zum Geschehen der Welt bei, auf jeden kommt es an. Wenn von hoffnungslosen oder aussichtslosen Fällen gesprochen wird, muss die Gegenfrage gestellt werden: Hoffnung worauf? Aussicht auf was? Auf ein langes, angenehmes und blühendes Leben? Dann allerdings mögen viele Menschenleben hoffnungslos und aussichtslos erscheinen, aber auch nur dann. Wenn es jedoch um die Hoffnung und um die Aussicht geht, noch einen sinnvollen Beitrag zum Geschehen der Welt zu leisten, ist kein einziges Menschenleben hoffnungs- oder aussichtslos.

Erstaunlicherweise kann der sinnvolle Beitrag eines Menschen auch im Nichttun von etwas bestehen; denn wir wirken in die Welt hinein durch das, was wir tun, und durch das, was wir nicht tun.

Mit einem alten, kränklichen Mann, der mich bei einem Hausbesuch fragte, warum er sein mühseliges Leben nicht mithilfe einer Überdosis von Schlaftabletten abkürzen solle, zumal er sowieso für niemanden mehr von Nutzen sei, habe ich dies einst in spielerischer Form durchdacht. Ich argumentierte ungefähr so: „Nun ja, nehmen wir an, Sie schlucken Ihre gesammelten Tabletten und schlafen für immer ein. Irgendwann schöpft man Verdacht, bricht Ihre Wohnungstüre auf und findet Sie. Die Nachbarin erfährt es, der Briefträger erfährt es, die Angestellten im Lebensmittelgeschäft, wo Sie einzukaufen pflegen, hören davon. Wahrscheinlich steht eine kleine Notiz in der Lokalzeitung. Und natürlich ereilt die Nachricht Ihre beiden entfernt wohnenden Söhne, die die Kunde mit Bekannten teilen. Lassen wir es rund 60 Personen sein, die mehr oder weniger berührt zur Kenntnis nehmen, dass sich wieder einmal jemand umgebracht hat. Können Sie mir garantieren, dass nicht *einer* unter ihnen ist, ein Einziger, der sich gerade in einer äußerst verzwickten Lebenslage befindet? Der fast am Verzweifeln ist, an der Kippe zur Lebensverwerfung? Und können Sie mir garantieren, dass dieser *eine* durch die Information über Ihren Freitod, die er zufällig liest oder erzählt bekommt, nicht angeregt wird, es Ihnen gleichzutun? *Einer*, der vielleicht in zwei Monaten seine gegenwärtige Krise bewältigt hätte, der sich gefangen und seinen Lebenswillen zurückgewonnen hätte, wenn da nicht zufällig diese Information über Sie gewesen wäre?"

Der alte Mann gestand ein, mir keine derartige Garantie geben zu können. Darum fuhr ich fort: „Sie haben mir gesagt, dass Sie für niemanden mehr von Nutzen sind, aber ich bitte Sie: Retten Sie jenen möglichen *einen*, für den es entscheidend sein kann, dass er nicht in einer Minute der Schwermut zur tödlichen Selbstaufgabe verführt wird! Wer weiß, für wen auch jener *eine* gebraucht wird, wofür er wichtig ist? Vielleicht steht jener *eine* in zehn Jahren an einer dicht befahrenen Straße, und neben ihm rollt ein Ball auf die Straße, und hinterher läuft ein Kind, ohne auf den Verkehr zu achten. Aber weil der *eine* da steht, zum richtigen Zeitpunkt am richtigen Ort, kann er das Kind noch rechtzeitig am Kragen packen und vor einem vorüberdonnernden Laster zurückreißen. Wollen Sie behaupten, dass es ausgeschlossen ist, dass dergleichen geschehen könnte?"

Der alte Mann wollte es nicht behaupten. „Dann aber", betonte ich, „haben Sie schon zwei Menschen gerettet, zwei Menschen, allein dadurch, dass Sie auf eine Abkürzung Ihres zugegebenermaßen schweren Lebens verzichten. Ist das nichts? Soll ich in unserem Gedankenspiel fortfahren? Soll ich Ihnen aufzählen, wofür es möglich ist, dass *jenes Kind* gebraucht wird, das nur am Leben bleiben wird, wenn *einer* an einer bestimmten Verkehrsstraße zur Rettung bereit steht? Vielleicht wird es, wenn es erwachsen ist, ein großer Forscher werden, der ein Heilmittel gegen eine schreckliche Seuche entwickelt ..."

„Ich habe schon verstanden", unterbrach mich der alte Mann, und in seinen Augen blitzte es schalkhaft, „von mir hängt das Wohl der Menschheit ab!" Wir lachten beide, aber es war ein Lachen über eine „Wahrheit", die ungemein ernst ist. Die vom Mann gesammelten Schlaftabletten wanderten in den Müll.

Ein echtes Ja sagen können

Der Mensch ist als erstes Wesen in der Evolutionsgeschichte zum *Ja sagen* befähigt. Mit dieser Fähigkeit hat es eine spezielle Bewandtnis. Sie ist nicht einfach die Umkehrung der Fähigkeit, Nein sagen zu können, sondern gewissermaßen ihre Voraussetzung. Denn so, wie der Schatten „an sich" nicht existiert, sondern nur in Kombination mit der Sonne, nämlich als deren nicht-sonnige Variante, und so, wie der Widersinn „an sich" nicht existiert, sondern nur in Kombination mit dem Sinn, nämlich als dessen gegenläufige Variante, so existiert ein Nein auch nicht „an sich", sondern stets nur als ein Nein zu dem durch ein Ja Ausgeschlossenen. Das Nein ist eine Aussparung. Wenn ich zu einem Vortrag, den zu halten ich ersucht worden bin, Ja gesagt habe, habe ich zugleich Nein gesagt zu allem anderen, das ich zur selben Zeit hätte tun können. Wenn ich zu meinem Beruf Ja gesagt habe, habe ich zugleich Nein gesagt zu sämtlichen anderen Berufen, die ich auch hätte erlernen können. Das Nein betrifft den Rest der Möglichkeiten, nachdem ich zu einer Möglichkeit Ja gesagt habe. Das Ja geht folglich dem Nein voraus, wie die Sonne dem Schatten und der Sinn dem Widersinn vorausgeht. Und wie die Fähigkeit, Ja zu sagen, der Fähigkeit, Nein zu sagen, vorausgeht.

Wir beobachten diese Zusammenhänge bei seelisch gestörten Menschen in zweierlei Hinsicht.

1. Zum einen sind diejenigen, die *nicht* Nein sagen „können" (natürlich können sie es, aber es fällt ihnen schwer), diejenigen, die

auch kein aufrechtes Ja zustande bringen. Es handelt sich um Personen, die fast jeder an sie herangetragenen Bitte nachkommen, weil sie die Ablehnung scheuen; die aber nichts vom Erbetenen innerlich mittragen mit der Konsequenz, dass sie früher oder später unter der Last des Zwiespaltes zusammenbrechen. „Unbejahtes Tun“ (nämlich von ihnen selbst unbejaht!) ist typisch für unreife und retardierte Personen. Im Kontrast dazu ist „unbedanktes Tun“ (nämlich seitens anderer Menschen nicht bedankt!) u. a. charakteristisch für reife Personen, die sich an ihrer eigenen Gewissensstimme orientieren, ungeachtet etwaiger Zufriedenheitsäußerungen durch ihre Mitmenschen.

2. Zum anderen sind diejenigen, die fast *nur* Nein sagen „können“ (natürlich können sie mehr, wollen aber nicht), diejenigen, die in einem Weder-ja-noch-nein-Zustand verharren, also nicht einmal ein aufrechtes Nein zustande bringen. Wer beispielsweise studieren möchte, aber nur weiß, welche Studienfächer für ihn *nicht* infrage kommen, dem fehlt für einen gelingenden Studienverlauf das echte Ja zu einem Fach seiner Begeisterung, und zum gelingenden Absprung in den Beruf das echte Nein zum Studium; er hängt „zwischen allen Stühlen“.

Deshalb ist es ein großes Anliegen der Logotherapie, die Fähigkeit des Menschen, Ja zu sagen, zu stärken. Eine Fähigkeit, die das Fundament für ein grundsätzliches „Ja zum Leben“ bildet, und notfalls für ein „trotzdem Ja zum Leben“. Wir haben am Beispiel des Mannes mit den Schlaftabletten die Trotzdem-Bejahungswürdigkeit des Lebens bis ins hohe Alter hinein kennengelernt. Spüren wir jetzt der Trotzdem-Bejahungswürdigkeit des Lebens in seinen frühesten Wochen und Monaten nach. Dazu möchte ich etwas Persönliches schildern, das mich in den Anfängen meiner Laufbahn sehr aufgewühlt hat.

Es war 1976. In Deutschland wurde der Schwangerschaftsabbruch in sozialen Notlagen erlaubt mit der Auflage, dass sich die schwangeren Frauen vor dem Eingriff über eventuelle Unterstützungsangebote bei Austragung des Kindes beraten lassen. Als Psychologin einer städtischen Familienberatungsstelle fiel mir sozusagen über Nacht diese Beratungsaufgabe zu.

Diese Tätigkeit deprimierte mich. Wahrscheinlich ist mir in meinem ganzen Leben nicht so viel vorgeschwindelt worden wie damals, aber für mein seelisches Gemüt kam immer noch zu viel zum Vorschein. Zu viel an Willensentscheidungen gegen das werdende Leben, ohne dass eine gravierende Notlage – zumindest im prosperierenden Deutschland jener Jahre – vorhanden gewesen wäre. Doch die Begebenheit, auf die ich zurückgreifen möchte, handelt von einem Ausnahmefall.

Fingerzeige von oben?

Die prekäre Situation der jungen, schwangeren Frau war echt wie ihre Verzweiflung. Vier kleine Kinder hatte sie bereits in der engen Wohnung, und dazu einen arbeitslosen, jähzornigen und alkoholkranken Südländer zum Ehemann, der in keiner Weise für sie sorgte. Grässliche Beleidigungen waren zwischen den Eheleuten ausgetauscht worden. Ich muss gestehen, dass ich nach einem langen und ausführlichen Gespräch mit der jungen Frau nicht sicher war, wie ich selbst an ihrer Stelle entscheiden würde, so finster sah die Zukunft dieser Familie aus.

Umso überraschter war ich, als die junge Frau am Tag nach unserem Gespräch nochmals bei mir erschien, obwohl sie die Bestätigung über die erfolgte Beratung sowie die ärztliche Indikationsbescheinigung in der Tasche hatte und sich jederzeit zum Schwangerschaftsabbruch ins Krankenhaus hätte begeben können. Sie kam, weil sie, wie sie sagte, meine Anteilnahme gefühlt hatte, und weil inzwischen ein Ereignis eingetreten war, das sie mit mir besprechen wollte. Ihr Mann hatte just am Vortag Arbeit gefunden. Bei ihrer Heimkehr von unserem Gespräch hatte er sie mit dieser frohen Nachricht empfangen und ihr fest versprochen, künftig auch etwas gegen seine Alkoholsucht zu unternehmen. „Glauben Sie", fragte mich die junge Frau, als sie wieder bei mir saß,

„glauben Sie, dass dies ein Fingerzeig von oben ist, das Kind zu behalten?"

Das sind die Augenblicke, in denen wir als *Mensch* und nicht als Fachkraft gefragt sind, weshalb ich einfach als Mensch spontan erwiderte: „Wenn Sie es so sehen, wird es so sein." Nach einigen Schweigeminuten fiel ihr Ja zum Leben des Kindes.

Ich habe die Familie noch ungefähr ein Jahr lang weiter betreut, bis ich 1977 nach München übersiedelte, um mich neuen Aufgaben zu widmen. In diesem Jahr unterzog sich der Mann einer Entziehungskur und ging regelmäßig zur Eheberatung, was beides Früchte trug. Kraft seines Arbeitsplatzes im Kühllager einer Lebensmittelfabrik konnte er den Speisezettel der Familie mit verbilligten Lebensmitteln aufbessern. Die drei ältesten Kinder wurden in einem Kindergarten aufgenommen, was die Mutter enorm entlastete. Das Kind, das sie unter ihrem Herzen trug, entpuppte sich nach seiner Geburt als ein goldiger Junge, der mit Freude begrüßt wurde. Nahezu gleichzeitig mit seiner Geburt erhielt die Familie eine größere Sozialwohnung zugeteilt, auf die sie schon lange gewartet hatte. Es war verblüffend für mich, mit anzusehen, wie sich alles Schritt für Schritt einrenkte, nachdem ich doch zuvor die völlige Verzweiflung der jungen Frau miterlebt hatte. Ja, nachdem ich selber in meinem Innersten einmal schwankend geworden war in Bezug auf die Abtreibungsfrage. Fast drängte sich mir ein ähnlicher Gedanke auf, wie ihn die junge Frau mir gegenüber in den Raum gestellt hatte: „Könnte dies ein Fingerzeig von oben sein, niemals an einem ungeborenen Leben und seinen Chancen zu zweifeln?"

Irgendwann im Leben muss man Position beziehen. Deswegen sage ich hier offen und ehrlich, dass ich nicht glaube, dass die Abtreibung oder die aktive Sterbehilfe gute Lösungen von Problemen sind. Ich kenne die Gegenargumente zur Genüge, ich weiß um abgrundtiefes Leid in beiden Kontexten, und trotzdem bin ich überzeugt, dass würdigere Lösungen existieren. Wer die Menschen liebt, wird ihr Leid bekämpfen, wo es nur machbar ist, aber er wird ihnen nicht ihr Lebensrecht absprechen. Es mag sein, dass manches Kind, das geboren wird, keine schöne Kindheit zu erwarten hat, und es mag sein, dass ein schwerkranker Mensch außer Pein nicht mehr viel zu erwarten hat – aber niemals können wir sicher sein, dass nicht *auf den einen wie auf den anderen noch etwas wartet*: auf das Kind eine wichtige Arbeit, die es später zu erledigen hat, oder eine wertvolle Beziehung, die es eingehen soll, und auf den unheilbar Kranken eine letzte Befriedung, die zu geschehen hat, oder ein kostbares Vermächtnis an seine Angehörigen, und sei es nur die Botschaft, dass ein gnädiger Abschied trotz allem möglich ist.

Das heißt nicht, dass keine Verantwortlichkeit bestünde gegenüber dem In-die-Welt-Setzen von Kindern im Sinne vernünftiger Familienplanung, oder gegenüber dem Aus-der-Welt-treten-Lassen von Sterbenden im Sinne von palliativ-ärztlicher Hilfe. Es heißt lediglich, dass Quantität und Qualität der Lebenserwartung kein Kriterium für oder gegen eine Lebensvernichtung sein können.

Der seelisch kranke Mensch und seine Arznei

Dasjenige Mysterium, das seit Jahrhunderten „die Seele“ des Menschen genannt wird und das Frankl in abendländisch-philosophischer Tradition „das Geistige“ im Menschen nannte, kann nicht krank werden. Denn etwas Geistiges ist reine „Bewegung“, wenn auch nicht Bewegung im Raum, sondern im Sein. Und eine Bewegung kann nicht erkranken, sie kann nur in die falsche Richtung erfolgen, und sie kann durch die Krankheit eines Organismus, der für ihre Durchführung zuständig ist, aufgehalten, also in ihrem Durchgeführt-Werden behindert sein.

Beispielsweise ist die Liebe zu einem Menschen eine Bewegung auf diesen Menschen zu, eine innere, geistig-seelische Bewegung, die in der körperlichen Intimität zweier Liebender lediglich ihre raum-zeitliche Inkarnation findet. Wenn die Liebe zu einem Menschen aufhört oder sich gar in Hass verwandelt, dann entfernt man sich von diesem Menschen, unter Umständen so weit, dass man ihn gar nicht mehr kennt, nicht mehr sieht, nicht mehr spürt, wenn man ihn verletzt; dann blickt man geistig-seelisch über ihn hinweg, als wäre er Luft. Ein weiteres Beispiel: Der Glaube an Gott ist eine Bewegung aus der Immanenz heraus auf die Transzendenz zu – nicht umsonst spricht man von „Gottesnähe" und „Gottesferne" bei gläubigen und ungläubigen Menschen. Auch diese Bewegung ist selbstverständlich ein geistig-seelischer Akt, der in einem Gang zum Gottesdienst lediglich sein raum-zeitliches Äquivalent findet. Analog ist das Interesse an einer Sache ein geistiges Auf-diese-Sache-Zuschwingen, ein Sie-erfassen-Wollen, ein Sich-mit-ihr-Beschäftigen oder, in umgekehrter Weise, bei fehlendem Interesse, ein Von-ihr-Abstand-Nehmen, ein Sie-fallen-Lassen, ein Sich-anderen-Dingen-Zuwenden.

Genauso bewegt sich der Mensch auf sich selbst zu, was voraussetzt, dass er sich zuerst von sich selbst wegbewegt hat, um sich aus ontologischer Distanz eben auf sich selbst zu bewegen zu können. Der Mensch ist *bewertende und bewertete Instanz in einem*, wobei ein Abgehobensein des einen vom anderen besteht, und ein aus dem Abgehobensein heraus erfolgter Zugriff des einen zum anderen. Wenn jemand sagt: „Ich leide so sehr unter meinen Depressionen", dann sind die Depressionen ein psychisches Geschehen, und eventuell auch ein physisches Geschehen (falls eine endogene Komponente dazutritt), aber derjenige, der unter seinen Depressionen leidet, das geistig-personale Ich dieses Menschen, ist selber und seinerseits nicht depressiv, ist nicht krank, es leidet nur an einer Krankheit und muss zu dieser Krankheit Stellung beziehen. Daher kommt es, dass ein Patient sagt: „Ich leide so sehr unter meinen Depressionen, aber ich lasse mich von ihnen nicht überwältigen!", und ein anderer Patient sagt: „Ich leide so sehr unter meinen Depressionen, dass ich am liebsten sterben möchte!" Der Unterschied zwischen den beiden Patienten liegt nicht in ihrer Krankheit, denn sie leiden ja an derselben Krankheit. Der Unterschied liegt in der jeweiligen geistigen Einstellung zur Krankheit, einer Einstellung, die ihrerseits nicht mehr krankheitssymptomatisch, sondern personenspezifisch ist.

Wenn wir daher vom seelisch kranken Menschen sprechen, dürfen wir die Tatsache nicht aus den Augen verlieren, dass unsere Bemühungen um ihn im Grunde *seiner Person* gelten, die nicht krank ist, wenn sie auch an einer seelischen Krankheit leidet. Ihr, deren geistige Bewegungsfreiheit eingeengt wird durch Ängste und Depressionen, durch Verhärmung und Verhärtung und erst recht durch Psychosen, die aber prinzipiell und potenziell beweglich ist und bleibt, beweglich genug, Menschsein zu vollziehen, selbst noch im Kranksein. Und wenn wir von einer Arznei für die kranke Seele sprechen, sollten wir uns ebenfalls darüber im Klaren sein, dass wir mit unseren Arzneien „an einem riesigen Eichentor hobeln, um Unebenheiten zu entfernen, die das reibungslose Schwingen des Tores beeinträchtigen, dass jedoch der Patient es ist, der den winzigen, goldenen Schlüssel zum Tor in seinen Händen hält", und damit die Entscheidungsmacht darüber, ob er sich unserem Arzneiangebot, den Herausforderungen seines Lebens und der Sinnfülle der Welt gegenüber öffnet oder verschließt. Wobei mitunter „auch Tore verschlossen werden, die problemlos in ihren Angeln zu schwingen vermögen", um nochmals im Gleichnis zu reden. Nicht nur der „homo patiens", der kranke und leidende Mensch, muss Krankheit und Leiden auf seine persönliche Art gestalten, auch der „homo possidens", der Gesundheit, Glück und Wohlstand besitzende Mensch, muss diesen seinen Besitz persönlich verwalten und kann dabei an einen Punkt gelangen, an dem sich im Vollzug seines Menschseins fast nichts mehr bewegt.

Woraus die Schlussfolgerung zu ziehen ist, dass das seelische Zustandsbild eines Menschen niemals nur allein in klinischen Kategorien zu erhellen ist, sondern stets auch die klinische Spiegelung eines metaklinischen Geschehens darstellt, des Geschehens nämlich, wie viel oder wie wenig Sinn ein Mensch seinem Leben zuspricht, seinen Verlusten wie seinen Besitztümern.

Eine Warnung vor giftigen Arzneien

Mit meinen Hinweisen will ich keineswegs den modernen Zeittrend unterstützen, wonach jeder Krankheit eine geheime Bedeutung zukommt, jede Krankheit etwas aussagt über ein Fehlverhalten, das geändert werden soll, oder über das Fehlverhalten anderer, die sie hervorgerufen haben. Alle Materie hat ihr Wachsen, ihr Werden und ihr Vergehen, ob es sich um die Materie der Gestirne oder um die Materie der Leiblichkeit des Menschen und in einem mit ihr der seelischen Befindlichkeit des Menschen handelt. Alle Materie ist unvollkommen und vergänglich, und Krankheit und Tod sind nichts anderes als die praktischen Manifestationen dieses Gesetzes. Selbstverständlich können ein ungesunder Lebensstil und ein ungesundes soziales und ökologisches Umfeld die leiblich-seelische Hinfälligkeit ganzer Völker vorantreiben, dennoch würden der gesündeste Lebensstil und optimale Umfelder der leiblich-seelischen Hinfälligkeit des Wesens Mensch nicht Einhalt zu gebieten vermögen. Wir sollten uns also vor psychologistischen Interpretationen von Krankheiten hüten, die in jede Krankheit eine Bedeutung hineininterpretieren wollen, und zwar eine, die sich auf etwas Defizitäres im Leben der Patienten bezieht, das ans Tageslicht geholt werden müsse, um deren Krankheiten richtig verstehen und bekämpfen zu können. Stattdessen sollten wir uns lieber darauf konzentrieren, unseren Patienten zu helfen, nicht *in* ihren Krankheiten, sondern *trotz* ihrer Krankheiten Sinn in ihrem Leben zu suchen und zu finden. Einen Sinn, der sich einzig der je heilen und bei aller materiellen Hinfälligkeit unversehrt bleibenden geistigen Person im Patienten erschließt.

Dazu ein paar Patientenäußerungen, die Blitzlichter auf die erwähnte Problematik werfen:

Eine Mutter erzählte mir, dass ihre Tochter, die sich in Psychotherapie befand, einmal alte Kinderzeichnungen aus ihrer Grundschulzeit zur Therapiestunde mitbringen sollte, wohl als Dokumente früher seelischer Zustandsbilder. Die Mutter stellte eine Mappe voller Kinderzeichnungen ihrer Tochter bereit, doch nach der nächsten Therapiestunde brachte die Tochter alle farbigen und fröhlichen Zeichnungen wieder zurück. „Die Therapeutin ist nur an den grauen, dunklen, eckigen und krakeligen Zeichnungen interessiert", erläuterte sie, „die übrigen braucht sie nicht." *Das* ist das Pathologiemodell in der Psychotherapie, das es zu überwinden gilt. Wenn man bloß das Negative akzentuiert, das in einem Menschenleben stattgefunden hat, darf man sich nicht wundern, wenn verheilte Narben wieder aufreißen, statt dass offene Wunden vernarben.

Ein anderer Bericht stammt von einer Frau, die wegen eines Gutachtens beim Nervenarzt vorstellig wurde. Er behandelte sie angeblich recht herb und fragte sie vieles aus, was die Frau verunsicherte und aufregte, woraufhin sie beim Verlassen des Sprechzimmers ihren Schal vergaß. Als sie zurückkehrte, um ihn zu holen, sagte der Nervenarzt spöttisch zu ihr: „Aha, Ihr Unterbewusstsein signalisiert, dass Sie das Gespräch mit mir gerne fortsetzen möchten." Noch als die Frau mir davon berichtete, schüttelte sie sich erschrocken bei dem Gedanken, sie müsste jenen Nervenarzt ein zweites Mal aufsuchen. So können Deutungen danebengehen ...

Aber nicht nur Deutungen, auch Prognosen aufgrund von Deutungen sind problematisch. Mir ist eine Patientin bekannt, die es gewagt hat, eine Langzeitbehandlung abzubrechen, weil sie der Meinung war, sie sei seelisch wieder stabil und könne ihr Leben aus eigener Kraft meistern. Der Therapeut entließ sie auf ihre Mitteilung, dass sie vorläufig keine weiteren Sprechstunden wünsche, mit der Drohung, dass sie schon sehen werde, wie wenig gefestigt sie in Wirklichkeit sei, und wie schnell sie erneut in ein „seelisches Loch" fallen werde. Diese Drohung bohrte in der Patientin und beunruhigte sie so stark, dass sie langsam ihre mühsam gewonnene Sicherheit einbüßte und sich tatsächlich einem emotionalen Tief näherte, vor dem ich sie mit ein wenig Humor und Ermunterung gerade noch bewahren konnte. Es gibt Prophezeiungen, die eintreffen – nicht weil sie richtig gewesen, sondern *weil sie prophezeit worden sind*, so merkwürdig dies klingt. Oder anders ausgedrückt: Die im Bauch vergessene Schere tut nirgends gut, weder in der Chirurgie noch in der Seelenheilkunde, bei deren Ausübung leider auch manche „iatrogene Schere" im „Bauch der Seele" eines Patienten zurückbleiben kann.

Eine Zusammenschau der heilsamen Arzneien

Wenden wir uns nach diesen warnenden Blitzlichtern auf giftige Arzneimittel abschließend in einer kurzen Zusammenschau den heilsamen Arzneien in der Psychotherapie zu. Das Wort „therapos" heißt, aus dem Griechischen übersetzt, der „Gefährte"; und zeitlos gilt, dass jeder, der in einem therapeutischen (ärztlichen, psychologischen, seelsorgerlichen) Beruf steht, zum Weggefährten werden soll für die Gefährdeten und Gestrandeten. Für diejenigen, die sich verirrt haben, die ein Stück Begleitung brauchen, die nicht mehr weiterwissen oder in rastloser Hast dahinlaufen ins Nirgendwo.

Als grobe Richtlinien für die „Gefährten" hat die Wissenschaftslehre der Psychotherapie bisher drei prinzipielle Konzepte entwickelt:

a) Methoden zur Aufdeckung von Unbewusstem,
b) Methoden der Suggestion und Persuasion,
c) Methoden zur Anlernung und Einübung.

Diese Methoden haben sich mehr oder weniger bewährt. Jede hat ihre besonderen Vorteile, aber auch ihre methodeninternen Handikaps.

Zu a): Die *Aufdeckung von Unbewusstem* kann langfristig heilsam sein, allein, es muss dafür gesorgt werden, dass das Aufgedeckte nach dem therapeutischen Reinigungs- und Bearbeitungsprozess wieder ins Unbewusste zurücksinkt, um dort ein für allemal friedlich zu ruhen. Wehe, wenn das nicht gelingt! Wenn der Patient nach den Aufdeckungen quasi andauernd neben sich selbst stehend durchs Leben humpelt, sich selbst beobachtend auf die feinsten Regungen seiner Seele hin. Eine solche unnatürliche und verkrampfte Selbstbeobachtung bewirkt, dass sich alsbald nichts mehr in seiner Seele regt, zumindest kein spontanes Gefühl schlichter und unhinterfragter Lebensfreude, wie sie zu einem glückenden Menschseins- und Daseinsvollzug dazugehört.

Zur Illustration kann das Gleichnis von der Rolltreppe dienen, die zum Zweck einer Reparatur aus dem Boden heraus- und hochgehievt wird, die aber, nachdem ihr unterirdischer Mechanismus in Ordnung gebracht worden ist, wieder in den Boden rückversenkt werden muss, wenn sie funktionieren soll. Ähnlich, wenn auch nicht so mechanistisch, sind psychische Abläufe zu verstehen: Was erledigt ist, muss ruhen können, eingebettet in eine Lebensgeschichte, mit der man sich geistig ausgesöhnt hat. Diese unabdingbar wichtige Einbettung ist leider nicht die Stärke aufdeckender Methoden.

Zu b): Auch die *suggestiven und persuasiven Verfahren* haben neben ihren kurzfristig erzielbaren hohen Erfolgsquoten ein nicht unerhebliches Handikap. Es liegt in der bereits dargelegten Parallelität von Überredbarkeit und fehlender Standfestigkeit von Patienten begründet. Entscheidungsschwache Menschen sagen schnell Ja, überhaupt dann, wenn die Mitwelt sie dazu drängt – und die Mitwelt drängt sie meistens zu etwas, weil sie eben derart unentschlossen sind. Sie sagen also schnell Ja, trotzdem tragen sie ihr Ja selten durch, weil es nicht aus ihrem Innersten hallt, sondern ein mehr oder weniger aufgedrängtes ist.

Nun wird sich jeder Therapeut dagegen verwahren, dass er seinen Patienten etwas aufdränge. Dennoch versucht er bei der Anwendung suggestiver und persuasiver Verfahren unleugbar, einen heilsamen Einfluss auf seine Patienten zu nehmen. Exakt dabei aber stößt er auf das erwähnte Faktum, dass man entscheidungsstarke und standfeste Personen kaum nennenswert beeinflussen kann; die entscheidungsschwachen und wenig standfesten Personen jedoch, die beeinflussbar sind, jederzeit wieder umkippen, entweder unter einem fremden, gegenläufigen Einfluss oder wegen ihres eigenen Widerstandes demgegenüber, zu dem sie äußerlich (jedoch nicht innerlich) Ja gesagt haben. Das heißt, die Überredungs- und Überzeugungskunst des Therapeuten scheitert nicht selten just an jenen Patienten, die leicht überredbar und überzeugbar sind, nur eben von jedermann und stets aufs Neue.

Zu c): Womit uns noch die *Anlern- und Einübungsverfahren* zur Erörterung übrig bleiben. Diese Erörterung können wir auf zwei Aspekte komprimieren. Erstens: Training ist immer gut. Alles, was sich ein Mensch an Fähigkeiten aneignen will, jedes Können, das es zu erwerben gilt, einschließlich dem Können, seelische Schwächen zu kompensieren – was wahrhaftig ein Können ist! –, bedarf konstanter, regelmäßiger Übung. In dieser erforderlichen Konstanz liegt zweitens auch schon der Haken eines jeden Trainings, der darin besteht, dass ein hohes Maß an Selbstkontrolle und Selbstdisziplin aufgebracht werden muss, um das Trainingsziel zu erreichen. Zu den seelischen Schwächen, die kompensiert werden sollen, zählt aber häufig gerade ein Mangel an Selbstkontrolle und Selbstdisziplin, wodurch das Phänomen zustande kommt, dass die Patienten diejenigen Fähigkeiten, die sie durch ein Training bei sich selbst entwickeln sollen, theoretisch bereits entwickelt haben müssten, um das Training überhaupt durchzuziehen.

Wir sehen, alle psychotherapeutischen Konzepte haben ihre Plus- und Minuspunkte, ihre Chancen und Grenzen.

Der goldene Schlüssel des menschlichen Geistes

In der logotherapeutischen Konzeption ist vieles von den beschriebenen Methoden enthalten, und doch wird mit dem Sinnaspekt ein zusätzliches Element hineinverwoben, ein den Menschen mitsamt seinen leiblich-seelischen Schwächen transzendierendes Element. Die Brücke vom klinischen zum metaklinischen Raum wird aufgespannt, mit Brückenpfeilern, die vom metaklinischen Raum bis in den metaphysischen Raum hineinragen.

Was zum Beispiel die Methoden zur Aufdeckung von Unbewusstem anbelangt, so meint die Logotherapie, dass nicht nur Unbewusstes aufgedeckt, sondern auch *Unerkanntes* aufgezeigt werden kann, insbesondere unerkannte Sinnperspektiven, die die Wahrnehmung der Gesamtsituation des Patienten verändern. Oder was die Methoden der Suggestion und Persuasion anbelangt, so meint die Logotherapie, dass es nicht Sache des Therapeuten ist, jemanden von etwas zu überzeugen, sondern *die Sache an sich* ist, die einen Menschen zu überzeugen vermag, die sinnvolle Sache, die nottut – *sie* soll für sich selbst sprechen. Was schließlich die Methoden zur Anlernung und Einübung anbelangt, so meint die Logotherapie, dass alle Trainingsbereitschaft auf die Frage hinausläuft, was das zu erreichende Trainingsziel einem Menschen *wert* ist. Der Mensch will wissen, *wozu* er die zu erringende und einzuübende Veränderung benötigt: um was zu tun, um wer zu sein, wer für wen? Wenn er dies weiß, bringt er am ehesten die enorme Selbstüberwindung auf, die nun einmal der Preis jeder Sinn- und Wertverwirklichung ist.

Ein letztes Beispiel dazu. Ein körperlich rüstiger, aber seelisch zutiefst trauriger älterer Herr wurde mir von seinen Nachbarn vorgestellt. Seit sieben Jahren gehe es ihm schon schlecht, berichteten sie mir. Seit dem Tod seiner Frau lasse er den Kopf hängen, habe jegliche Aktivität reduziert, interessiere sich für nichts. Sie hätten alles versucht, um ihn aufzurichten und abzulenken, doch es würde immer schlimmer. Er bewege sich kaum mehr aus dem Haus. Ob ich einen Klinikaufenthalt für nötig hielte ...? Ich betrachtete den Patienten teilnahmsvoll. Seine Augen waren wach, aber von Leid umwölkt, seine Mimik war abweisend, als wollte er sagen: „Mir kann keiner helfen". Er hatte nicht unrecht, keiner konnte ihm seine Frau wiedergeben, seine Frau, die er sehr geliebt haben musste. Sie war gestorben, doch seine Liebe zu ihr war noch lebendig. Während ich ihn betrachtete, spürte ich, dass dies der kleine goldene Schlüssel in seiner Hand bzw. in seiner Seele sein könnte, der ein gewaltiges Tor an Depression und Verzweiflung aufschwingen lassen würde, wenn er bloß ins passende Schlüsselloch fände.

„Erzählen Sie mir von Ihrer Ehe", bat ich den älteren Herrn, und er erzählte. Wie er seine Frau in vorgerücktem Lebensalter kennengelernt hatte, wie sich für ihn, der stets ein scheuer Einzelgänger gewesen war, ein Wunder ereignet hatte, wie jede Stunde an innerer Erfüllung doppelt und dreifach wog, die er an ihrer Seite hatte verleben dürfen. Und dann, nach kurzer Zeit schon, die Diagnose „Krebs" bei seiner Frau, die beide bestärkt hatte in ihrem Willen, zusammenzuhalten, komme was wolle. Auch die Zeit der Krankheit schilderte der Patient als durchglüht von einer unbeschreiblichen Innigkeit. Er hatte seine Frau gepflegt bis zum Ende, er hatte ihr die Füße gewaschen, als ihr Geist hinüberglitt. „Jetzt kann ich nichts mehr für sie tun", schloss er seinen Bericht in müdem Tone ab.

„Nun", ergriff ich das Wort, „immerhin bestimmen Sie mit, was hinter Ihrer Frau zurückbleibt, welche Spuren sie zurücklässt in unserer Welt." Der Patient wurde aufmerksam. Seine Augen schauten wacher als zuvor. „Ich kann dies mitbestimmen?", fragte er. „Teilweise ja", erwiderte ich, „denn von Ihnen hängt doch mit ab, ob Ihre Frau sozusagen einen Trümmerhaufen hinter sich zurücklässt, einen total gebrochenen Menschen, bei dessen Anblick jedermann insgeheim denkt, es wäre besser gewesen, dieser Mensch wäre ihr nie begegnet. Oder ob sie einen aus seinem Herzensgrunde heraus strahlenden Menschen hinter sich zurücklässt, der erhobenen Hauptes durchs Leben geht und jedermann bestätigt, wie sehr er bereichert worden ist durch die einmalige Liebe einer einzigartigen Frau ..."

„O mein Gott", stöhnte der Patient und packte mich am Ärmel, „was tue ich eigentlich?" Bewegt von der neuen Perspektive, die sich ihm eröffnet hatte, sprang er auf und ging hin und her. Allmählich fasste er sich und erklärte mir und seinen Nachbarn: „Daran habe ich nie gedacht, aber es ist wahr. Ich muss bezeugen, welch großartige Frau sie gewesen ist, und dass hinter ihr und von ihr nur Gutes zurückbleiben kann. Dort, wo ihre Füße den irdischen Boden berührt haben, sollen Blumen der Freude wachsen und nicht Seen von Tränen überfließen – jetzt weiß ich, was meine künftige Aufgabe ist." Damit verabschiedete sich der Patient und ließ als erste Tat in einem wiedergewonnenen und wieder aufgenommenen Leben eine sehr erleichterte Therapeutin zurück, die dankbar registrierte, dass der goldene Schlüssel des menschlichen Geistes in der Sinngestalt einer außerordentlich schwierigen menschlichen Situation sein passendes Schlüsselloch gefunden hatte.

Staunen über den unerschöpflichen Sinn

Überlegen wir: Habe ich Unbewusstes aufgedeckt? Habe ich den Patienten zu etwas überredet? Hat er ein neues Verhalten eingeübt? Ich möchte sagen, der Blitz der Erkenntnis hat ihn getroffen, aber nur deshalb, weil es etwas zu Erkennendes gab, das nicht aufgedeckt, sondern lediglich aufgezeigt werden konnte, zu dem er nicht überredet werden musste, weil es für sich selbst sprach, und das letztlich die Motivation des Patienten tragen würde, sich Schritt für Schritt eine veränderte Haltung abzuringen und anzueignen.

In der angewandten Logotherapie kommt es nicht selten zu einem Staunen über den unerschöpflichen Sinn des Daseins, der sich immer wieder „anzapfen" lässt in den Konkretionen einzelner Lebenskonstellationen, unabhängig davon, wie sie beschaffen sein mögen. Auch der seelisch kranke Mensch wird vom Staunen gepackt, vom Staunen darüber, dass er in seiner Beschränktheit, Ohnmacht und Behinderung dennoch etwas Sinnvolles tun kann. Dass es zumindest *eine* jenseits seiner seelischen Krankheit gelegene sinnvolle Möglichkeit gibt, die er verwirklichen kann, ja, deren Verwirklichung ihn vielleicht sogar stimuliert, über seine seelische Krankheit hinauszuwachsen. Ein solches Staunen ist *die beste Arznei* für die kranke Seele.

Man glaube nicht, dass es den Kranken gut geht, wenn sie sämtliche Zuwendung der Welt erhalten, wenn sich Fachleute und Angehörige liebevoll um sie scharen, wenn Therapeuten sich mit professioneller Empathie ihre Klagen anhören – das alles reicht nicht aus, solange die empfangene Zuwendung nicht wieder irgendwie zurückfließt, indem die Kranken selber eine sinnvolle Aufgabe in ihrem Umfeld übernehmen, und sei sie noch so klein. 1987 hat *Michael Utsch* im Fachbereich Psychologie der Universität Bonn eine exzellente Diplomarbeit abgeschlossen. Im Zuge dieser Arbeit wurden 60 Patienten, die nach schweren Schlaganfällen chronisch krank und pflegebedürftig nach Hause entlassen worden waren, mit der Fragestellung untersucht, ob eine positive Akzeptierung ihrer massiven Leidenssituation möglich sei, und welche Faktoren dazu beitragen würden. Die Ergebnisse der Untersuchung waren verblüffend. Zu einem Akzeptieren ihrer Leidenssituation kam es vorwiegend bei denjenigen Kranken, die – wortwörtlich – „sich anteilnehmend und unterstützend ihren Angehörigen zuwandten", und nicht etwa bei denjenigen, deren Angehörige sich *ihnen* anteilnehmend und unterstützend zuwandten! Im Gegenteil, Letztere entwickelten alsbald das verteufelte Gefühl, ihrer Mitwelt bloß noch eine Last zu sein.

Der Patient, und nicht minder der seelisch gestörte Patient, will über die Rolle des Hilfsbedürftigen und Hilfeempfangenden, die ihm krankheitsbedingt zufällt, hinaus auch selber etwas geben, selber für etwas oder für jemanden nützlich sein, und wenn wir es wirklich gut mit ihm meinen, sollten wir ihm jedwede Gelegenheit dazu aufzeigen. Hier zeichnet sich eine Parallele zur Pädagogik ab, in der ein ähnliches Umdenken, eine Rückbesinnung auf alte Weisheiten, erforderlich ist. Denn auch den Kindern geht es nicht nur dann gut, wenn ihre Eltern sie achten und ehren, wie wir heute zu denken geneigt sind, sondern umgekehrt, wenn *sie* ihre Eltern achten und ehren, wie man bereits zu Moses' Zeiten gewusst hat.

Zurück zur Psychotherapie und zur kurzen Fallskizze von vorhin: In dem Moment, als der ältere Herr eine Gelegenheit sah, noch etwas für seine geliebte und verstorbene Frau zu tun, nämlich, ihr ein frohes und dankerfülltes Gedenken zu bewahren, in dem Moment gesundete er mehr als durch ein jahrelanges Mitgefühl und Getröstet-Werden seitens seiner Freunde.

Wir sind nicht auf Erden, um geliebt zu werden, sondern um zu lieben – die Lebenden und die Toten. Diese neutestamentarische Botschaft ist gleichzeitig das Kernstück der Frankl'schen Logotherapie.

Anmerkungen und Quellennachweise

1 Viktor E. Frankl, „Der Wille zum Sinn“, Hogrefe, Bern, 7. Auflage 2016, S. 125

2 Aus: Viktor E. Frankl, Ärztliche Seelsorge. Grundlagen der Logotherapie und Existenzanalyse. Überarbeitete und erweiterte Auflage. © Deuticke im Paul Zsolnay Verlag Wien 2005

3 Aus: Viktor E. Frankl, Wer ein Warum zum Leben hat, © 2017 Beltz Verlag in der Verlagsgruppe Beltz – Weinheim Basel

4 R. Lassahn, „Über die Freude in der Erziehung“, in: „Pädagogische Rundschau“ 7/1975, Seite 553. © Rudolf Lassahn

5 Viktor E. Frankl, „Der leidende Mensch“, Huber, Bern, 3. Auflage 2005, S. 41

6 C. Corti, „Man muss auf dem Grund gewesen sein“, aufgezeichnet von Jacqueline Kornmüller, Brandstätter, 2. Auflage 2015

7 Aus: Viktor E. Frankl, Ärztliche Seelsorge. Grundlagen der Logotherapie und Existenzanalyse. Überarbeitete und erweiterte Auflage. © Deuticke im Paul Zsolnay Verlag Wien 2005

8 W. C. Becker, „Spielregeln für Eltern und Erzieher“, Pfeiffer, München 1977

9 Viktor E. Frankl, Das Leiden am sinnlosen Leben. Psychotherapie für heute. © Kreuz Verlag in der Verlag Herder GmbH, Freiburg i. Br., 2015. S. 17

10 Abdruck mit freundlicher Genehmigung des Ernst Reinhardt Verlags: Viktor E. Frankl, Theorie und Therapie der Neurosen, © 9. Auflage 2007, Verlag Ernst Reinhardt GmbH & Co KG, München, S. 196, www.reinhardt-verlag.de

11 Karl Jaspers, „Wesen und Kritik der Psychotherapie", aus: Karl Jaspers' Allgemeine Psychopathologie. Standortbestimmungen, © 2017 Medizinisch Wissenschaftliche Verlagsgesellschaft
12 Viktor E. Frankl, „Der Wille zum Sinn", Hogrefe, Bern, 7. Auflage 2016, S. 94
13 Viktor E. Frankl, „Der leidende Mensch", Huber, Bern, 3. Auflage 2005, S. 207

Die Autorin und ihr Werk

Elisabeth Lukas, geboren 1942 in Wien, ist Schülerin von Prof. Dr. Dr. Viktor E. Frankl. Als Klinische Psychologin und approbierte Psychotherapeutin spezialisierte sie sich auf die praktische Anwendung der Logotherapie, die sie methodisch weiterentwickelte. Nach 13-jähriger Tätigkeit in Erziehungs-, Familien- und Lebensberatungsstellen (neun Jahre davon in leitender Position) übernahm sie 1986 die fachliche Leitung des von ihr und ihrem Ehemann gegründeten „Süddeutschen Instituts für Logotherapie GmbH" in Fürstenfeldbruck bei München, die sie 17 Jahre lang innehatte. Nach ihrer Rückkehr in die Heimat arbeitete sie fünf Jahre lang weiterhin als Hochschuldozentin (zuletzt als Lehrbeauftragte der Donau-Universität Krems) und war danach noch drei Jahre lang als Lehrtherapeutin und Supervisorin beim österreichischen Logotherapie-Ausbildungsinstitut ABILE tätig.

Vorträge und Vorlesungen auf Einladung von mehr als 50 Universitäten (darunter länger andauernde Lehraufträge an den Universitäten München, Innsbruck und Wien) sowie Publikationen in 20 Sprachen machten sie international bekannt. Ihr Werk ist mit der Ehrenmedaille der Santa Clara University in Kalifornien für „outstanding contributions in counseling psychology to the world community" und mit dem Großen Preis des Viktor-Frankl-Fonds der Stadt Wien ausgezeichnet worden. 2014 verlieh ihr die Universität Moskau eine Ehrenprofessur.

Von Elisabeth Lukas sind seit den 1980er-Jahren – inklusive der fremdsprachigen Übersetzungen – 167 Bücher erschienen. In der nachstehenden Liste sind ihre **derzeit im Buchhandel oder online erhältlichen deutschsprachigen Bücher** zusammengestellt (Stand: Winter 2021):

Alles fügt sich und erfüllt sich. Logotherapie in der späten Lebensphase (Profil, München, erw. Neuauflage 2009, Großdruckausgabe 2017)

Arbeit heute. Last oder Freude? Strategien sinnzentrierter Unternehmenskultur. Gemeinsam mit Koautor Paul Ostberg (Profil, München, 2021)

Auch dein Leben hat Sinn. Wege zur seelischen Gesundheit (Butzon & Bercker, Kevelaer, 2021)

Auf den Stufen des Lebens. Bewegende Geschichten der Sinnfindung (topos plus, Kevelaer, 2018)

Aus Krisen gestärkt hervorgehen (topos plus, Kevelaer, 2013)

Binde deinen Karren an einen Stern. Was uns im Leben weiterbringt (Neue Stadt, München, 4. Auflage 2021, auch als E-Book)

Burnout adé! Engagiert und couragiert leben ohne Stress (Profil, München, 2012)

Das Schicksal waltet – der Mensch gestaltet. Philosophie für den Alltag (Plattform, Perchtoldsdorf bei Wien, 4. Auflage 2021, auch als E-Book)

Das Viktor Frankl Museum in Wien. Ein Kulturerbe mit Zukunftswert (Plattform, Perchtoldsdorf bei Wien, 2016)

Dein Leben ist deine Chance. Anregungen zu einer sinnvollen Lebensgestaltung (Neue Stadt, München, erw. Neuausgabe 2018, auch als E-Book)

Den ersten Schritt tun. Konflikte lösen – Frieden schaffen (topos plus, Kevelaer, 2019)

Der Freude auf der Spur. Sieben Schritte, um die Seele fit zu halten (Neue Stadt, München, Neuausgabe 2020, auch als E-Book)

Die Kunst der Wertschätzung. Kinder ins Leben begleiten (Neue Stadt, München, erw. Neuausgabe 2021, auch als E-Book)

Distanz zur Angst. Das Leben mutig bestehen (Butzon & Bercker, Kevelaer, 2022)

Einmal rund um die Sonne. Begleitende Gedanken für das ganze Jahr (Neue Stadt, München, 2016, auch als E-Book)

Familienglück. Verstehen, annehmen, lieben (topos plus, Kevelaer, 2. Auflage 2015)

Frankl und Gott. Erkenntnisse und Bekenntnisse eines Psychiaters (Neue Stadt, München, 2. Auflage 2020, auch als E-Book)

Freiheit und Geborgenheit. Süchten entrinnen, Urvertrauen gewinnen (Profil, München, erw. 3. Auflage 2012)

Für dich. Heilende Geschichten der Liebe (Butzon & Bercker, Kevelaer, 2020)

Heute ist der erste Tag vom Rest deines Lebens. Schritte zu einer erfüllten Existenz (Butzon & Bercker, Kevelaer, Neuausgabe 2019)

In der Trauer lebt die Liebe weiter (Butzon & Bercker, Kevelaer, 4. Auflage 2021)

Inspirationen für die Seele. Das geistige Erbe Viktor E. Frankls (Profil, München, erw. 2. Auflage 2015)

Lebensstil und Wohlbefinden. Seelisch gesund bleiben – Anregungen aus der Logotherapie (Profil, München, erw. 3. Auflage 2010)

Lehrbuch der Logotherapie. Menschenbild und Methoden (Profil, München, erw. 4. Auflage 2014)

Logotherapie und Existenzanalyse heute. Eine Standortbestimmung. Gemeinsam mit Koautor Alexander Batthyány (Tyrolia, Innsbruck, 2020, auch als E-Book)

Pandemie und Psyche. Wege zur Stärkung der seelischen Immunität. Gemeinsam mit Koautor Reinhardt Wurzel (Neue Stadt, München, 2. Auflage 2020)

Persönliches und Besinnliches. Kleines logotherapeutisches Lesebuch (Profil, München, 2017)

Psychotherapie in Würde. Logotherapie konkret. Gemeinsam mit Koautorin Heidi Schönfeld (Elisabeth-Lukas-Archiv, Bamberg, 2020, auch als E-Book)

Quellen sinnvollen Lebens. Woraus wir Kraft schöpfen können (Neue Stadt, München, 2014, auch als E-Book)

Rendezvous mit dem Leben. Ermutigungen für die Zukunft (topos plus, Kevelaer, 2. Auflage 2016)

Sehnsucht nach Sinn. Logotherapeutische Antworten auf existentielle Fragen (Profil, München, erw. 4. Auflage 2018)

Sinnzentrierte Psychotherapie. Die Logotherapie von Viktor E. Frankl in Theorie und Praxis. Gemeinsam mit Koautorin Heidi Schönfeld (Profil, München, 2016)

Souveränität und Resilienz. Tragödien in einen Triumph verwandeln (Profil, München, 2020)

Spannendes Leben. In der Spannung zwischen Sein und Sollen – ein Logotherapiebuch (Profil, München, erw. 4. Auflage 2014)

Trotzdem Ja zum Altsein sagen. Die Lebensfreude bewahren. Gemeinsam mit Koautorin Elisabeth Gur (Plattform, Perchtoldsdorf bei Wien, 2021)

Verlust und Gewinn. Logotherapie bei Beziehungskrisen und Abschiedsschmerz (Profil, München, erw. 2. Auflage 2007)

Vom Sinn getragen. Ein Leben für die Logotherapie (Kösel, München, 2012, E-Book, als Buch vergriffen, aber noch über www.elisabeth-lukas-archiv.de erhältlich)

Von der Angst zum Seelenfrieden. Gemeinsam mit Koautor Reinhardt Wurzel (Neue Stadt, München, 2. Auflage 2019, auch als E-Book)

Was das Leben wertvoll macht. Impulse einer spirituellen Psychologie (Butzon & Bercker, Kevelaer, 2. Auflage 2022)

Was du mir bedeutest. Für einen lieben Menschen (Butzon & Bercker, Kevelaer, 2016)

Was wirklich zählt. Worte als Wegbegleiter (Neue Stadt, München, 2020)

Weisheit als Medizin. Logotherapie bei Tinnitus, chronischen und unheilbaren Krankheiten (Profil, München, erw. 4. Auflage 2020)

Wertfülle und Lebensfreude. Logotherapie bei Depressionen und Sinnkrisen (Profil, München, erw. 4. Auflage 2011)

Wie Leben gelingen kann. Sinn und Freude Tag für Tag. Gemeinsam mit Koautor Michael Ragg (Butzon & Bercker, Kevelaer, 3. Auflage 2020)

Wolken vor der Sonne? Was bei Depressionen hilft (Butzon & Bercker, Kevelaer, 2. Auflage 2022)

In Vorbereitung:

Antworten auf Lebensfragen. Eine Anthologie aus dem Gesamtwerk (Profil, München, 2021)

26 CDs/DVDs mit Vorträgen von Elisabeth Lukas sowie die MP3-CD „Vom Sinn im Leben. Perlen der Logotherapie" sind beim „Auditorium Netzwerk", Verlag für audio-visuelle Medien (Hebelstraße 47, D-79379 Müllheim/Baden) erhältlich.

Die CDs „Ermutigungen für die Zukunft" und „Seelisch gesund bleiben in hektischen Zeiten" sind über www.elisabeth-lukas-archiv.de erhältlich.

Mehrere CDs/DVDs mit Live-Rundfunksendungen aus der „Reihe Lebenshilfe" sind bei Glässing-media (Oststraße 12 A, D-87527 Sonthofen) oder beim Hörer-Service von Radio Horeb (Dorf 6, D-87538 Balderschwang) erhältlich.

DVD/CD mit Live-Interview „Viktor E. Frankls Botschaften für heute, Heidemarie Zürner im Sinn-Gespräch mit Elisabeth Lukas", Kongressdokumentationen Josef Hager, Mondseebergstraße 15, A-5310 Mondsee

Weitere Informationen über die Autorin und ihr Werk auf www.elisabeth-lukas-archiv.de

Nachwort der Herausgeber

Elisabeth Lukas ist seit Jahrzehnten eine der renommiertesten Vertreterinnen der Logotherapie weltweit. Sie ist international ausgezeichnet, unter anderem mit einer Ehrenprofessur der Universität Moskau, sie ist gefragt und geschätzt als Vortragende, Lehrende und Therapeutin und hat ein umfangreiches literarisches Werk in die Welt gesetzt (und es wächst noch weiter ...): Zählt man alle Auflagen und alle Übersetzungen zusammen, dann tragen über 200 einzelne Bücher ihren Namen. Ungezählt sind noch Hunderte von Zeitschriftenartikeln und Buchkapiteln.

Elisabeth Lukas' Werk ist in vieler Hinsicht einmalig: Stets hat sie es verstanden, aktuelle Forschungsergebnisse und Entwicklungen in der Psychotherapie logotherapeutisch zu beleuchten und neben aller fachlichen und wissenschaftlichen Kompetenz auch menschlich zu vertiefen. So ist ein großer literarischer Schatz entstanden, den die Reihe der „Gesammelten Werke" erhalten und auch für künftige Generationen zugänglich machen will. Hier kann man, wie Viktor Frankl es einst formulierte, „Logotherapie aus der reinsten Quelle" finden. In zahlreichen Fallbeispielen sieht man darüber hinaus, wie eine menschengemäße Psychotherapie wirken kann, die nicht bereit ist, den Menschen aufzugeben – gleichgültig, wie brüchig und belastet sein Dasein auch sein mag. Es ist diese Botschaft, die unsere Zeit vielleicht so dringend braucht wie kaum eine Zeit davor: Menschliches Leben ist es wert, Gegenstand unserer Hoffnung zu sein.

Generationen von Schülern, Studierenden, Patienten und Lesern können bezeugen, wie sehr Elisabeth Lukas diese Verbindung vorlebt: höchste fachliche Kompetenz und das therapeutische Ideal des Wohlwollens. Beides gehört untrennbar zusammen in der persönlichen Begegnung mit ihr wie auch in ihrem literarischen Werk und kann als Vorbild dafür dienen, wie gute Psychotherapie, wie Hilfe in seelischer und geistiger Not, im Idealfall aussehen kann.

Ein weiteres Indiz dafür, dass Elisabeth Lukas in ihrem Werk dem Versprechen und Auftrag der Logotherapie gerecht wird, sich dem unbedingten Menschen selbst zuzuwenden und nicht bei den Bedingungen – etwa den stets sich wandelnden Trends flüchtiger Modeerscheinungen – zu verbleiben, zeigt ein weiterer Umstand: Dieses Werk hat den Test der Zeit bestanden. Es ist heute sogar aktueller denn je.

Wenn man heute ihre frühesten und seit Langem vergriffenen Bücher liest, kann man sich nur wundern, wie hochaktuell sowohl Inhalt und Anwendungsweise als auch Elisabeth Lukas' Darstellungsform der Logotherapie gerade für die Probleme der Gegenwart sind. Veraltet mögen einzelne Moden und vergangene Aktualitäten sein, über die die Zeit hinweggeschritten ist, nicht aber die Botschaft der hier in immer neuen Facetten aufgefalteten menschenfreundlichen Logotherapie von Viktor E. Frankl.

Darum hat das Elisabeth-Lukas-Archiv es sich zu einem Herzensanliegen gemacht, diese vergriffenen Bücher in der Reihe „Gesammelte Werke" für heutige Leser wieder zu neuem Leben zu erwecken.

Wir wünschen Ihnen, dass Sie in diesen Neuausgaben erstaunliche Perspektiven, tröstende Gedanken, neue Sinnhorizonte und spannendes Lesevergnügen finden.

Für das Elisabeth-Lukas-Archiv

Heidi Schönfeld und *Alexander Batthyány*

Elisabeth Lukas

Auch dein Leben hat Sinn

Wege zur seelischen Gesundheit

Butzon & Bercker

256 Seiten

ISBN 978-3-7666-2775-9

www.bube.de